新課程対応

大学入学
共通テスト 情報I

プログラミング

と　　　　　　策

植垣新一 著　能城茂雄 監修

ステップアップで
身に付く練習帳

技術評論社

監修のことば

　この度は、『情報Ⅰ　大学入学共通テスト　プログラミング問題対策　ステップアップで身に付く練習帳』を手に取っていただき、誠にありがとうございます。

　本書は、令和7年度大学入学共通テストで出題科目となった情報Ⅰで扱われる共通テスト用プログラム表記に対する理解と対策を深めるために作成されたものです。本書の制作にあたっては、大学入試センターが公開した検討用イメージ、サンプル問題、試作問題を詳細に分析し、プログラム表記を理解するために必要な解説、そして演習を行うことに重点を置きました。各章では具体的なプログラム例や解説図解を多用し、初学者でも理解しやすいよう工夫しています。特に、実際の試験で求められる論理的思考力や問題解決能力を養うことに重点を置きました。

　プログラミングの学習は、一朝一夕で身につくものではありませんが、努力と継続により確実に成長を感じることができる分野です。読者の皆さんが、本書を通じてプログラム表記に慣れ親しみ、さらなる学びへの意欲を持っていただけることを願っています。そして、情報Ⅰの試験に必要な知識と技能を身につけていただければ幸いです。

東京都立三鷹中等教育学校
情報科　指導教諭

能城茂雄

›› 目次

はじめに

大学入学共通テスト「情報Ⅰ」の概要 ……………………………………… 8
共通テスト用プログラム表記の概要 ……………………………………… 9
共通テスト用プログラム表記を動かせるツール「PyPEN」の使い方 …… 10
本書での学習の流れ ………………………………………………………… 12
フローチャートの基本を知ろう …………………………………………… 14

第 **1** 章

共通テスト用プログラム表記の
基本文法を学ぼう

1-1 　数値と文字列の表示と算術演算子 ……………………… 18
1-2 　変数 ……………………………………………………… 22
1-3 　条件分岐文と比較演算子 ………………………………… 26
1-4 　論理演算子と条件分岐文の応用 ………………………… 30
1-5 　繰り返し文①（条件繰り返し文） ……………………… 34
1-6 　繰り返し文②（順次繰り返し文） ……………………… 40
1-7 　配列①（一次元配列） …………………………………… 44
1-8 　配列②（二次元配列） …………………………………… 48
1-9 　関数①（関数の概要） …………………………………… 52
1-10 　関数②（ユーザ定義関数の作成） ……………………… 57

第2章

複数の文法を組み合わせた基本問題に慣れよう

2-1 条件分岐文の繰り返し（条件分岐文×繰り返し文）……… 62

2-2 関数を用いた条件判定の繰り返し
（条件分岐文×繰り返し文×関数）……… 66

2-3 配列の繰り返し参照（一次元配列の繰り返し文）……… 70

2-4 二次元配列の繰り返し参照
（二次元配列の繰り返し文）……… 74

2-5 ユーザ定義関数の繰り返し呼び出し
（繰り返し文とユーザ定義関数）……… 78

2-6 複数配列の操作
（条件分岐、繰り返し、関数、配列）……… 82

2-7 配列内の値の交換処理
（条件分岐、繰り返し、関数、配列）……… 86

2-8 入れ子式繰り返し処理 ……… 90

2-9 外部からの入力の繰り返し ……… 94

第3章

実践的な長文問題に挑戦！

3-1 タクシー運賃を計算してみよう ……… 100

3-2 数あてゲームを作成しよう ……… 105

3-3 試験の点数の評価をしてみよう ……… 111

3-4	スゴロクゲームを作ってみよう	117
3-5	宝探しゲームを作成しよう	123
3-6	試験の最高点と最低点を求めよう	131
3-7	交換法（バブルソート）で試験の点数を並べ替えよう	138
3-8	選択法で試験の点数を並べ替えよう	146
3-9	エレベータに何回で乗れるかシミュレーションしよう	154
3-10	消費税の計算を行う関数を作成しよう	159

第 **4** 章

予想問題を解いてみよう

共通テスト模擬問題　学食の売上シミュレーション ⸺ 166

解答解説 ⸺ 177

共通テスト用プログラム表記とPythonの比較 ⸺ 203

索引 ⸺ 206

■ **特設サイトURLとQRコード**

https://gihyo.jp/book/rd/dnc-j1/list

※なお、予告なくサイトを終了する場合が
　ございます。

プログラミング問題を得点源にしよう！

　学校の情報Ⅰの授業でプログラミングは習ったけれど、大学入学共通テストの模擬試験のプログラミングの問題で点数が伸び悩んでいる方も多いでしょう。プログラミングの問題は、「正しい手順」で勉強すれば、短期間で得点を伸ばすことが可能です。

　情報Ⅰで扱うプログラミング言語には、主にPython、JavaScript、VBA、Scratchがあり、どの言語を授業で習うかは学校によって異なります。このような背景から、共通テストでは特定言語の知識を前提としない日本語で表記された大学入試センター独自のプログラム表記（共通テスト用プログラム表記）が用いられます。

　本書では、共通テスト用プログラム表記を用いて、プログラミングの基礎となる基本文法の習得から始め、短めのプログラムの問題から徐々にステップアップし、最終的に共通テストの問題が解けるレベルに達することができます。また、解説動画やプログラム実行環境の「PyPEN」を併用することで、実際にプログラムを動かしながら、効率的に理解することができます。

　最後に、本書執筆にあたり、監修をしてくださった能城茂雄先生はじめ、多くの方々にお力添え頂いたことに、心より感謝いたします。そして、この本を手に取ってくださった読者の皆様への感謝も述べさせていただきます。ありがとうございます。

　本書を通してアルゴリズムとプログラミングの分野を得意分野にしていきましょう！

植垣新一

　2025年1月に実施される大学入学共通テスト（以降、「共通テスト」と表記）から、「情報Ⅰ」が新たな出題科目として追加されます。

　国立大学協会の「共通テスト原則6教科8科目」の公表もあり、国立大学を受験する際には情報Ⅰは原則必須受験となっています。また公立大学や私立大学の中にも共通テスト「情報Ⅰ」を採用しているところがあります。配点は6教科8科目の1000点の内の100点（10%）にも及びます。

　情報Ⅰの学習範囲は大きく「情報社会の問題解決」「コミュニケーションと情報デザイン」「コンピュータとプログラミング」「情報通信ネットワークとデータの活用」の4つに分けられており、共通テスト「情報Ⅰ」もその範囲から出題されることになっています。制限時間も60分と非常にタイトです。

　大学入試センターが2022年11月に発表した試作問題では、これらの全分野からまんべんなく出題されています。

大問番号	小問番号	①情報社会の問題解決	②コミュニケーションと情報デザイン	③コンピュータとプログラミング	④情報通信ネットワークとデータの活用
第1問 (20点)	問1	○ (4点)			
	問2				○ (6点)
	問3			○ (6点)	
	問4		○ (4点)		
第2問 (30点)	A		○ (15点)		
	B			○ (15点)	
第3問 (25点)	問1〜3			○ (25点)	
第4問 (25点)	問1〜5				○ (25点)

　特に第3問では「コンピュータとプログラミング」の中の「アルゴリズムとプログラミング」から**25点分**も出題されています。しかし、プログラミングの問題は得点を伸ばすのが難しい分野でもあります。そこで、本書では「アルゴリズムとプログラミング」を効率よく学習し、得点源とできるように超基礎から共通テストレベルまで無理なく到達できるように構成しています。

大学入学共通テスト「情報Ⅰ」のプログラミングの問題では、大学入学共通テスト用のプログラムの表記である「共通テスト用プログラム表記」[※]が使われます。

【共通テスト用プログラム表記の例 (Pythonとの比較)】

共通テスト用プログラム表記	Python	実行結果

`kuji = 1`
もし **kuji** < 1 ならば：
｜ 表示する("大吉")
そうでなくもし **kuji** >= 4 ならば：
｜ 表示する("中吉")
そうでなければ：
L表示する("小吉")
	`kuji = 1`
	`if kuji < 1:`
	`    print("大吉")`
	`elif kuji >= 4:`
	`    print("中吉")`
	`else:`
	`    print("小吉")`
		小吉

　情報Ⅰの教科書で扱われているプログラミング言語は、主にPython、JavaScript、VBA、Scratchがあります。どの言語を授業で習うかは各学校で異なります。

　こうした状況で、大学入学共通テストで特定の言語に特化した出題をすると、ほかの言語でプログラミングを習った人が不利になります。このことに配慮して、共通テストでは、特定の言語に関する知識を前提としない、「共通テスト用プログラム表記」が使われます。

　この共通テスト用プログラム表記は、いわゆる疑似コードです。疑似コードとは、実際のプログラミング言語のソースコードに近い書き方でアルゴリズムを表すものです。「共通テスト用プログラム表記」は、プログラミング言語ではありません。しかし、何か特定のプログラミング言語を習ったことがあれば、容易に理解できる表記法となっています。

　アルゴリズムを表すものなので、実際に試験で題材となる共通テスト用プログラム表記は、一部の処理が省略されていることが考えられます。そのため、実際のプログラミング言語に置き換えるとそのままでは動かないことがあります。本番の試験中に「このプログラムは実際には動かないのでは？」と思うようなことがあっても、気にしないで解き進めるようにしてください。

※　本書での記載は、大学入試センターが発表している令和7年度試験の概要の内容に基づいています。

共通テスト用プログラム表記を
動かせるツール「PyPEN」の使い方

 先生！情報Iの「共通テスト用プログラム表記」って実際に動かせないのですか？

 じつは、共通テスト用プログラム表記を動かせるツールはいくつか存在します。本書では共通テスト用プログラム表記実行ツールの一つである「PyPEN（パイペン）」を用いてパソコンだけでなくタブレットやスマートフォンでも実際に動かせる環境※1を提供しています。

 やったー！早速、やり方を教えてください！

 まずは、問題解説の前についているQRコードをスマートフォンやタブレットで読み取ってみましょう。本書では、解説動画とプログラムの実行を1つの画面で行える環境を提供しています。

試しに右下のQRコードを読み込んでみましょう。

動画解説＋PyPENへのリンク

Step2 例題を解いてみよう！　　✓動画をチェック

同じ画面内にPyPENの画面と解説動画が表示されます。

■ PyPEN

■ 動画解説

※スマートフォンの場合は上下に並んで表示されます。

 うわ〜！ すでにプログラムの内容が記述されているのですね。
どうやったら動かせるのですか。

 画面左上の「実行」ボタンを押すと動かせますよ！

■ 実行前

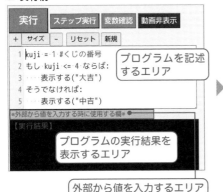

■ 実行後

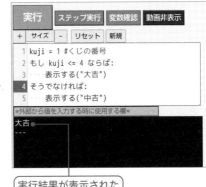

外部から値を入力するエリア

実行結果が表示された

【各ボタンの説明】

「実行」：プログラムを実行します。

「ステップ実行」：ボタンを押すたびにプログラムを1行ずつ順番に実行します。

「変数確認」：ステップ実行中に押すとその時の各変数の値が実行結果エリアに表示されます。

「動画非表示」：動画の画面を非表示にして、PyPENの画面だけを表示します。

「+」：文字サイズを大きくします。

「サイズ」：文字サイズをもとに戻します。

「-」：文字サイズを小さくします。

「リセット」：プログラムの実行結果を消去します（プログラムのソースコードはそのままです）。また、実行中であれば中止して初めの状態に戻ります。

「新規」：プログラムを新規に作成します。

 「実行」ボタンを押してみたら、「実行結果」のエリアに文字が表示されました。簡単に動かせるのですね。

 問題を解いたうえで、さらに実際にそのプログラムを動かして理解を深めることができます。

そしてプログラムの中身を打ち換えることもできるので、中身を打ち換えて動きがどのように変わるかを確認することもできますよ。詳しい使い方は、解説動画内で都度説明していきます。

 プログラムを実際に動かせるって聞いて、勉強するのが楽しみになってきました。

※1　本書では、PyPENの一部をスマートフォン実行用に改良したものを利用しています。
開発者によるPyPEN提供Webサイトは「https://watayan.net/prog/pypen.html」です。

　本書は共通テスト用プログラム表記の超基礎から共通テストレベルまで無理なくステップアップしていく4章構成で成り立っています。さらに、本書の内容はすべて動画と連動しています。動画を併用することで効果的かつ効率的に学習を進めることができます。

　文法の解説を除くと、動画1本あたりの時間は3分以内です。問題の解説を読んでもわからない時だけ動画を視聴する、という使い方をすれば、3時間で本書をやり終えることも十分可能でしょう。本書の問題のプログラムはすべて動画サイト内で実行が可能です。問題を解き終わった後は、実行環境（PyPEN）でプログラムを実際に動かしてみましょう。実際のプログラムを実行して確認することが、上達への何よりの近道です。

第1章　共通テスト用プログラム表記の基本文法を学ぼう

　共通テスト用プログラム表記の基本文法をステップバイステップで学びます。

▶ STEP1　このセクションで学ぶ基本文法を理解しよう

　セクションで学ぶ共通テスト用プログラム表記の基本文法の要点を学んでいきます。先に動画を観てイメージをつかんでから解説を読むことで理解が深まります。

▶ STEP2　例題を解いてみよう！

　STEP1で学んだ内容を深く理解するための例題です。先生と女の子の会話形式でテンポよく読み進められます。わからない場合は、解説動画や本書の解説を確認したうえで、もう一度自力で問題を解いてみましょう。

▶ STEP3　演習問題を解いて知識を定着させよう

　STEP1とSTEP2の内容の演習問題です。まずは自力で解いてみて、わからない場合は、解説動画や本書の解説を確認したうえで、もう一度自力で問題を解くことでだんだんと力が付いてきます。

　第1章では例題と演習問題を含めて全部で35問あります。すべて解ければ共通テスト用プログラム表記の文法はバッチリのはずです！

複数の文法を組み合わせた基本問題に慣れよう

第1章で学んだ各種文法を組み合わせた基本問題を解いていきます。

▶ STEP1　例題を解いてみよう！

　複数の文法を組み合わせた例題です。わからない場合は、解説動画を視聴したうえで、もう一度自力で問題を解いてみましょう。

▶ STEP2　演習問題を解いて知識を定着させよう

　STEP1の内容の演習問題です。まずは自力で解いて、わからない場合は、解説動画や本書の解説を確認したうえで、もう一度自力で問題を解くことで力が付いてきます。

　第2章では例題と演習1問題を含めて全部で**29問**あります。ここまで解ききれば、共通テストの問題の大半は自力で正解できる実力が身についていることでしょう。

第3章　実践的な長文問題に挑戦！

　第2章まで学んだ内容をベースとして、より実践的な問題を解いていきます。共通テストレベルに引き上げるための橋渡し問題です。全部で**10問**あります。
　共通テストは時間との勝負なので**目標時間（10分以内が目安）**を意識しながら解いてみましょう。時間内に解き終わらない場合でも、自分なりの答えが出るまで悩んでみましょう。そうすることで力が付いていきます。自分なりの解答が出たら、解説動画や本書の解説を確認し思考プロセスを確認しましょう。
　第3章の問題を時間内に解けるようになったころには、共通テストのプログラミング問題で高得点を狙えるようになっていることでしょう。

第4章　予想問題を解いてみよう

　共通テストの本番レベルの予想問題です。これまで学んだ内容をベースに時間をはかって演習してみましょう。第3章と同じく時間内に解き終わらない場合でも、自分なりの答えが出るまで悩んでみましょう。自分なりの解答が出たら、解説動画や本書の解説を確認し思考プロセスを確認しましょう。

フローチャートの基本を知ろう

Step1 フローチャートとは

▶ フローチャートとは

　ある問題を解決したり、やりたいことを実現したりするための方法や手順のことを**アルゴリズム**といいます。このアルゴリズムを視覚的にわかりやすく表現した図が**フローチャート**です。フローチャートは**流れ図**ともいいます。

　たとえば、朝の身支度の流れをフローチャートで表すと次のようになります。

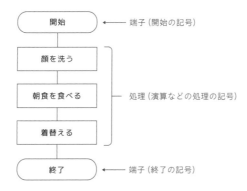

　本書では次のようなフローチャートの記号を使います。

名称	記号	内容	名称	記号	内容
端子		処理の開始と終了	線		データや制御の流れ（直線や矢印）
処理		演算などの処理	表示		画面などに表示
ループ端		ループの始まり	判断		条件による分岐
		ループの終わり	定義済処理		既に定義されている機能（関数）の呼び出し

　どんなプログラムでも、処理の流れは、「順次構造」、「分岐構造」、「反復構造」の3つの構造の組み合わせで構成されています。分岐構造は選択構造ともいいます。この3つの処理の流れをまとめて、**制御構造**といいます。

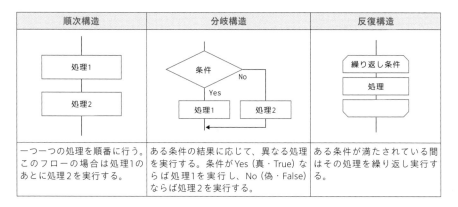

順次構造	分岐構造	反復構造
一つ一つの処理を順番に行う。このフローの場合は処理1のあとに処理2を実行する。	ある条件の結果に応じて、異なる処理を実行する。条件がYes（真・True）ならば処理1を実行し、No（偽・False）ならば処理2を実行する。	ある条件が満たされている間はその処理を繰り返し実行する。

　順次構造、分岐構造、反復構造について具体的な例は次のようなものがあります。なお、共通テスト用プログラム表記での記述や変数等については、1章から詳しく説明していきます。

▶ 順次構造の例

■「おはよう」→「こんにちは」→「おやすみ」
　と順番に表示する処理のフローチャート

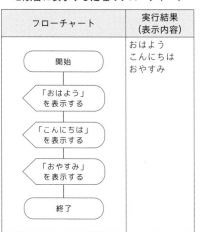

フローチャート	実行結果 （表示内容）
開始 「おはよう」を表示する 「こんにちは」を表示する 「おやすみ」を表示する 終了	おはよう こんにちは おやすみ

■ 変数同士の加算結果を表示する処理のフローチャート

フローチャート	実行結果
開始 kazu1 = 4（変数kazu1に4を代入） kazu2 = 3（変数kazu2に3を代入） kazu1 + kazu2 を表示する（変数kazu1とkazu2の値を加算(4+3)した結果である「7」を表示） 終了	7

▶ 分岐構造の例

■ 変数kujiの値が4以下なら「大吉」、そうでなければ「中吉」と表示する処理のフローチャート

フローチャート	実行結果
開始 kuji = 1 → 変数kujiに1を代入 変数kujiの値が4以下 kuji <= 4 ── No → ならばYes（真）なので 「大吉」を表示、そうで Yes なければ「中吉」を表示 「大吉」を表示する　「中吉」を表示する 終了	大吉

▶ 反復構造の例

■ 変数iの値が10以下の間、iの値をカウントアップする処理を繰り返すフローチャート

フローチャート	実行結果
開始 i = 1 → 変数iに1を代入 i <= 10の間 繰り返す → 変数iの値が10以下の間 繰り返す iを表示する → 変数iの値を表示 i = i + 1 → 変数iの値に1を加算 終了	1 2 3 4 5 6 7 8 9 10

■ 変数iの値を1から5まで1ずつ増やしながら、変数iの値の表示を繰り返すフローチャート

フローチャート	実行結果
開始 i = 1,2,3,4,5 → 変数iの値を1から5まで1ずつ 増やしながら繰り返す iを表示する → 変数iの値を表示 終了	1 2 3 4 5

共通テスト用
プログラム表記の
基本文法を学ぼう

Chapter1
∨
1-1

数値と文字列の表示と算術演算子

キーワード 算術演算子、ダブルコーテーション、カンマ、表示する()、数値、文字列

Step1 このセクションで学ぶ基本文法を理解しよう

▶ 画面に表示するプログラム

　画面に数値や文字列を表示する場合、「表示する()」と記述します。これは、カッコ()内の文字を表示しなさいという命令です。以下のプログラムのようにカッコ内に表示したい数値を記述すると、その数値を表示させることができます。

プログラム 表示する(123)

実行結果 123

　文字列を表示する場合は、「表示する("こんにちは")」のように表示したい文字列を半角のダブルコーテーション(")で囲む必要があります。なお、全角のダブルコーテーションではエラーとなりプログラムが動きません。

▶ 算術演算子とは

　プログラムで四則演算（加減乗除）などの算術的な計算を行うための記号を算術演算子といいます。先程の画面表示処理内に計算式を入れると計算結果が表示されます。

演算子	説明	計算例	計算結果
+	加算（足し算）	5 + 2	7
-	減算（引き算）	5 - 2	3
*	乗算（掛け算）	5 * 2	10
/	除算（割り算）	5 / 2	2.5
%	除算した余り	5 % 2	1
÷	商の整数部分	5 ÷ 2	2
**	べき乗（「a ** n」は「aのn乗」という意味）	5 ** 2	25

　文字列と計算式を連結して表示したい場合は、「表示する("計算式 5 + 2 =",5 + 2)」のようにカンマ (,) を用います。

Step2 例題を解いてみよう！

動画をチェック

例題

次のプログラムを実行したときの実行結果（表示内容）を答えなさい。

```
(1) 表示する(32)
(2) 表示する("計算問題")
(3) 表示する(3 + 2)
(4) 表示する(3 - 2)
(5) 表示する(3 * 2)
(6) 表示する(3 / 2)
(7) 表示する(3 % 2)
(8) 表示する(3 ÷ 2)
(9) 表示する(3 ** 2)
```

▶ 解答への思考プロセス

 いきなり9行もあるプログラム、難しそうに見えます！　同じような「表示する()」が並んでいますが、どういう意味なのでしょうか。

 これは、1行1行独立した処理なので、上から順番に意味を理解していけば簡単に解けますよ。

まず、全部の行で使われている「表示する()」の部分を説明します。これは、「カッコ内の数字や文字を表示しなさい」という意味の命令です。例えば、(1)行目の「表示する(32)」の処理を実行すると「32」という数字が表示されます。

 なるほど！　ということは(2)行目の「表示する("計算問題")」は、「"計算問題"」と表示されるのですね。

 残念ながら少し違います。引っかかりやすいポイントですが、数字か文字列で記述の方法が変わります。文字列を表示する場合は半角のダブルコーテーション(")で表示したい文字を囲む必要があります。ただ、このダブルコーテーションはプログラムを実行した際には表示されません。よってこの場合は「計算問題」と表示されます。

 (3)行目の「表示する(3 + 2)」では、数字に加えて「+」(プラス)の記号もありますがどのように表示されるのでしょうか？

 「+」の記号は、加算（足し算）を意味しています。つまり、「3 + 2」の結果の「5」が表示されます。プログラムで四則演算（加減乗除）などの算術的な計算を行うための記号を算術演算子といいます。(3)行目以降はすべて算術演算子を使った計算処理で、各算術演算子の意味とプログラムの実行結果は次のようになります。

演算子	説明	プログラム	実行結果
+	加算（足し算）	表示する (3 + 2)	5
-	減算（引き算）	表示する (3 - 2)	1
*	乗算（掛け算）	表示する (3 * 2)	6
/	除算（割り算）	表示する (3 / 2)	1.5
%	除算した余り	表示する (3 % 2)	1
÷（※）	商の整数部分	表示する (3 ÷ 2)	1
**	べき乗 （「a ** n」は「aのn乗」という意味）	表示する (3 ** 2)	9

※共通テスト用プログラム表記の独自の表記でPython等では「//」が使われる

まとめると表示内容は次の通りです。

```
(1) 表示する(32)              32
(2) 表示する("計算問題")      計算問題
(3) 表示する(3 + 2)          5
(4) 表示する(3 - 2)          1
(5) 表示する(3 * 2)          6
(6) 表示する(3 / 2)          1.5
(7) 表示する(3 % 2)          1
(8) 表示する(3 ÷ 2)          1
(9) 表示する(3 ** 2)         9
```

今は、計算式の答えだけを表示しましたが、計算式と計算結果を同時に表示する方法はないのですか？

文字列と計算式を連結して表示したい場合は、カンマ (,) を用います。
「表示する("3 + 2 =",3 + 2)」とすると、カンマより前はダブルコーテーションで囲まれているので文字列として扱われ、カンマより後ろは算術演算子を用いた計算式として扱われます。よって「3 + 2 = 5」と表示されます。
また、いくつかの算術演算子を使って計算する場合、数学や算数での計算と同じように加算や減算よりその他の演算子の方が優先されて計算されます。例えば、「3 + 2 * 2」の場合、先に2×2の計算が行われ、その後に3が足されます。先に3 + 2を計算したい場合は「(3 + 2) * 2」のようにカッコを用います。

なるほど、計算の順序は数学のときと同じなんですね！

Step3 演習問題を解いて知識を定着させよう

（解答解説：p.178）

▶ 演習問題1

次のプログラムを実行したときの実行結果（表示内容）を答えなさい。

```
(1) 表示する("答え")
(2) 表示する(7 - 6)
(3) 表示する(7 * 2)
(4) 表示する(4 / 2)
(5) 表示する(4 ** 2)
(6) 表示する(9 ÷ 4)
(7) 表示する(4 + 3)
(8) 表示する(4 % 2)
```

▶ 演習問題2

実行結果がすべて8となるように　ア　～　ウ　に入る算術演算子を解答群からそれぞれ選び番号で答えなさい。

```
(1) 表示する(2　ア　3)
(2) 表示する(17　イ　2)
(3) 表示する(6　ウ　2)
```

 解答群 ❶ +　❷ -　❸ *　❹ /　❺ %　❻ ÷　❼ **

▶ 演習問題3

実行結果が「**計算式：5 × 10 = 50**」と表示されるプログラムを解答群から一つ選び番号で答えなさい。

 解答群
❶ 表示する（計算式：5 x 10 = 50)
❷ 表示する("計算式：5 x 10 =",5 x 10)
❸ 表示する("計算式：5 x 10 =",5 * 10)
❹ 表示する（計算式：5 x 10 =,5 * 10)

変数

>> 出る度 ★ ★ ★

✓ 動画をチェック

キーワード 変数、代入、代入演算子 (=)、コメント、初期化

Step1 このセクションで学ぶ基本文法を理解しよう

▶ 変数とは

変数は、数値や文字列などのデータ（値）を1つだけ保管できる箱のようなものです。箱（変数）の名前を**変数名**といい、変数に値を格納することを**代入**といいます。代入を行う場合は、「=」（イコール）の**代入演算子**を用いて「変数名 = 値」のように記述します。

例えば、「**kazu**」という変数に、「5」という数字を代入する場合は「**kazu = 5**」のように記述します。

文字列を代入する場合は、代入する値をダブルコーテーション(")で囲む必要があります。例えば、「**yasai**」という変数に、「にんじん」という文字列を代入する場合は「**yasai = "にんじん"**」のように記述します。

変数に格納された値を表示したい場合は、Section 1-1で説明した表示機能を使います。例えば、先ほどの変数yasaiに格納された値を表示する場合は次のように記述します。

プログラム	表示する(yasai)

実行結果	にんじん

変数の値を表示する場合、格納されている値が文字列でもダブルコーテーションは不要です。仮に「表示する("yasai")」とした場合、変数ではなく文字列として扱われるため、「**yasai**」という文字列がそのまま表示されます。

▶ 変数を用いた計算

変数に数値が格納されている場合、算術演算子を用いて計算を行うことができます。

```
(1)  nedan = 150 ············································  変数nedanに150を代入する
(2)  kazu = 3 ················································  変数kazuに3を代入する
(3)  shiharai = nedan * kazu ·······················  変数nedanの値と変数kazuの値の積(
                                                              かけ算の答え)を求め、その結果を変
                                                              数shiharaiに代入する
(4)  表示する("支払金額",shiharai,"円") ·····  変数shiharaiの値を表示する
```

実行結果 | 支払金額 450 円

Step2 例題を解いてみよう！ ✓動画をチェック

例 題

　次のプログラムの実行結果（表示内容）を答えなさい。

```
(1)  hayasa = 50 # 速さ( 単位：km/時 )
(2)  jikan = 3 #時間
(3)  kyori = hayasa * jikan
(4)  表示する("移動距離は",kyori,"kmです。")
```

▶ 解答への思考プロセス

 (1)行目は「=」(イコール) があるから、数学の計算式と同じように「hayasa」が「50」という意味ですか？

 「=」は数学では「同じ（等価）」を意味しますが、プログラムの世界では少し違います。(1)行目の**hayasa**は変数です。変数とは、数値や文字列などのいろいろなデータ（値）を1つだけ保管できる箱のようなものです。箱の名前を**変数名**といい、変数に値を格納することを**代入**といいます。数学の代入とは少し違いますので、注意しましょう。代入を行う場合は、「=」の代入演算子を用います。今回は**hayasa**という変数（箱）に50という数値を格納するというイメージです。数学での「=」と混同して始めは迷うかもしれませんが、「=」を「←」として考えると、右側の値を左側の変数（箱）に入れるということがイメージしやすくなります。

 なるほど。(1)行目の代入処理の右にある「#速さ（単位：km/時）」は、どのような処理なのですか。

 「#」以降はコメントです。コメントは、プログラムの意味を説明するための文章、注釈文のことです。プログラムとして実行される命令文ではありません。(1)行目の場合は、50という数字が時速を表しているということが、#以降のコメント文を読むことでわかります。

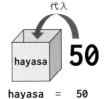

代入

hayasa **50**

hayasa ＝ 50
変数名　　代入する値

変数に最初に代入したデータを初期値といい、変数に初期値を代入したり、初期値に戻したりすることを初期化といいます。

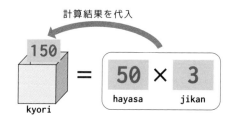

計算結果を代入

(2)行目は、変数jikanに3という数値を代入しています。

(3)行目は、変数hayasaに格納されている値と変数jikanに格納されている値の積を求めて、その計算結果を変数kyoriに代入しています。つまり、50×3の結果である150が変数kyoriに代入されます。

(4)行目は、結果の表示処理です。変数kyoriに格納されている値を表示する場合は、「表示する(kyori)」のように、カッコ内に変数名を指定します。格納されている値が文字列でもダブルコーテーションは不要です。仮に「表示する("kyori")」とした場合、通常の文字列として扱われるため、「kyori」という文字列がそのまま表示されます。今回の表示処理は、「移動距離は」と変数kyoriの値と「kmです。」が連結されて表示されます。つまり、正解は「移動距離は150 kmです。」が表示されます。

変数を使った計算方法がわかりました。変数に文字列を入れる場合はどうしたらよいでしょうか。

norimonoという変数に、「くるま」という文字列を代入する場合は「norimono = "くるま"」のように記述します。変数に格納されている値を表示したい場合は、数値の場合と同じく「表示する(norimono)」と記述します。これも、ダブルコーテーションで囲む必要はありません。

今回は、変数の宣言をプログラムの(1)行目と(2)行目で分けていますが、共通テスト用プログラム表記では「hayasa = 50, jikan =3」というようにカンマを用いて1行で記述することも可能です。また、変数の値を別の変数にも入れることができます。例えば、変数hayasaの値を変数jikanにも格納したい場合「jikan = hayasa」と記述します。

解答：移動距離は150kmです。

⚠️注意　なお、PyPENでは文字列同士をカンマで繋げると、半角スペースが空くようになっています。本書では、半角スペースはなしで説明します。

Step3 演習問題を解いて知識を定着させよう

（解答解説：p.179）

▶ 演習問題1

次のプログラムの実行結果（表示内容）を答えなさい。

```
(1) kouka = 100
(2) maisuu = 6
(3) kingaku = kouka * maisuu
(4) 表示する("合計金額は",kingaku,"円です。")
```

▶ 演習問題2

次のプログラムの実行結果（表示内容）を答えなさい。

```
(1) kazu1 = 100
(2) kazu2 = kazu1
(3) atai = "答えは"
(4) 表示する(atai,kazu1 / kazu2)
```

▶ 演習問題3

次のプログラムを実行した場合の表示内容が「200」となるように ア にあて
はまる値を解答群から選び番号で選びなさい。

```
(1) kazu1 = 100
(2) kazu2 = 50
(3) kazu3 = 2
(4) kazu4 =   ア
(5) 表示する(kazu4)
```

 ❶ kazu3 + kazu2 + kazu1   **❷** kazu1 + kazu2 * kazu3
❸ kazu1 / kazu2 + kazu3   **❹** kazu2 * kazu1 * kazu3

Chapter1
1-3 条件分岐文と比較演算子

✅動画をチェック

キーワード 条件分岐文、比較演算子、真 (True)、偽 (False)

Step1 このセクションで学ぶ基本文法を理解しよう

▶ 条件分岐文と比較演算子とは

条件によって処理を選択して実行する構造のことを条件分岐文 (分岐構造) といいます。また、2つの値を比較して真 (True) か偽 (False) を返す演算子を比較演算子といいます。真 (True) は条件を満たしていること、偽 (False) は条件を満たさないことです。

▶ 条件分岐文の構文 (1つの条件の場合)

<条件>を満たせば<処理1>が実行され、満たさなければ<処理2>が実行されます。

<条件>の部分の判定には、前述の**比較演算子**が用いられます。条件文の最後には**コロン(:)** を付ける決まりがあります。

```
(1) もし 〈条件〉 ならば:
(2)  | 〈処理1〉
(3) そうでなければ:
(4)  L 〈処理2〉
```

▶ 条件分岐文の構文 (複数の条件の場合)

〈条件1〉を満たせば<処理1>が実行され、満たさなければ<条件2>の判定が行われます。〈条件2〉を満たせば<処理2>が実行され、満たさなければ<処理3>が実行されます。

```
(1) もし 〈条件1〉 ならば:
(2)  | 〈処理1〉
(3) そうでなくもし 〈条件2〉ならば:
(4)  | 〈処理2〉
(5) そうでなければ:
(6)  L 〈処理3〉
```

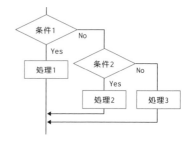

Step2 例題を解いてみよう！

動画を
チェック

例題

変数 **kuji** の値が、1〜4の時は「大吉」、それ以外の時は「中吉」と表示されるプログラムを作成する。変数 **kuji** には1〜10のいずれかの値を設定するものとする。　**ア**　に入れる適切なものを解答群から選びなさい。

```
(1) kuji = 1 #くじの番号
(2) もし  ア  ならば:
(3)  | 表示する("大吉")
(4) そうでなければ:
(5)  L 表示する("中吉")
```

解答群 ❶ kuji == 4　❷ kuji > 4　❸ kuji <= 4　❹ kuji >= 4　❺ kuji = 4

▶ 解答への思考プロセス

この問題を解く上では、条件分岐文に関する知識が必要です。次のフローチャートのように条件を満たせば処理1が行われ、満たさなければ処理2が行われます。今回の場合は処理に該当する部分が、おみくじを引いた結果を表示する処理になります。

条件の部分はどのように書けばいいのですか？

値の大小などを比較する、比較演算子を使うことで条件を判定することができます。

演算子	読み	意味	条件式例	説明
==	ダブルイコール	等しい	x == 80	xの値が80ならば真
!=	ノットイコール	等しくない	x != 80	xの値が80でなければ真
>	大なり	超過	x > 80	xが80より大きければ真
>=	大なりイコール	以上	x >= 80	xが80以上ならば真
<	小なり	未満	x < 80	xが80未満なら真
<=	小なりイコール	以下	x <= 80	xが80以下なら真

 あれ？　大吉の条件に一致するから、　ア　の答えは「kuji == 1,kuji==2, kuji==3,kuji==4」のように「==」（ダブルイコール）を使うと思ったのですが、そのような選択肢はないです。どうしたらいいでしょうか？

 いいところに気が付きましたね。共通テストでは、選択肢から解答を選ぶ必要があるので、自分の考えたプログラムとは違う形で問われる場合があります。　ア　の条件を満たせば、(3)行目の大吉の表示処理が行われます。つまり、　ア　は大吉の条件です。この問題は、選択肢を1つ1つ検証していくとよいでしょう。まずは解答群の選択肢①から順番にみていきますね。

①の「kuji == 4」は変数kujiの値が4の時に大吉の表示処理に入りますが、1〜3の時は中吉になってしまうので誤った選択肢です。

②の「kuji > 4」は変数kujiの値が4より大きい時に大吉の表示処理に入ります。「=」（イコール）が含まれていないことに注意してください。この場合も1から4の時は中吉の表示処理になるので誤りです。

③の「kuji <= 4」は変数kujiの値が4以下の時に大吉の表示処理が行われます。すなわち、kujiの値が1から4の時に大吉が表示されることになるので正しい選択肢です。

④の「kuji >= 4」については、変数kujiの値が4以上の時に大吉の表示処理に入ってしまうので、問題の条件には適しません。

なお⑤の「kuji = 4」は「=」（イコール）が代入演算子で比較演算子の「==」（ダブルイコール）ではないので、ここでは使えません。よって正解は、③「kuji <= 4」です。正解部分を穴埋めしたプログラムの内容は次のようになります。

```
(1) kuji = 1 #くじの番号 ………… 変数kujiに1を代入
(2) もし kuji <= 4 ならば: ……… 変数kujiの値が4以下（真）なら(3)行目の処理
                                    を実行
(3) ┃ 表示する("大吉") ………… 「大吉」を表示
(4) そうでなければ: …………… (2)行目の判定結果が偽ならば(5)行目の処理を実行
(5) ┗ 表示する("中吉") ………… 「中吉」を表示
```

解答：③

（解答解説：p.180）

Step3 演習問題を解いて知識を定着させよう

▶ 演習問題 1

次のプログラムを実行した場合の実行結果（表示内容）を答えなさい。

```
(1) name = "山田"
(2) もし name == "山田" ならば:
(3) | 表示する(name, "です。")
(4) そうでなければ:
(5) L 表示する("名前が違います。")
```

▶ 演習問題 2

変数 kuji の値が **3 ではない** 場合に「はずれ」、それ以外の場合に「あたり」と表示するプログラムを作成する。　ア　に入る条件を解答群から選び番号で選びなさい。

```
(1) kuji = 1
(2) もし  ア  ならば:
(3) | 表示する("はずれ")
(4) そうでなければ:
(5) L 表示する("あたり")
```

解答群 ❶ kuji == 3　　❷ kuji != 3　　❸ kuji <= 3　　❹ kuji >= 3

▶ 演習問題 3

次のプログラムを実行した場合の実行結果（表示内容）を答えなさい。

```
(1) kuji = 1
(2) もし kuji < 1 ならば:
(3) | 表示する("大吉")
(4) そうでなくもし kuji >= 4 ならば:
(5) | 表示する("中吉")
(6) そうでなければ:
(7) L 表示する("小吉")
```

論理演算子と条件分岐文の応用

キーワード 論理演算子、and（かつ）、or（または）、not（～ではない）

Step1 このセクションで学ぶ基本文法を理解しよう

▶ 論理演算子とは

論理演算子を使うと、1行で複数の条件を判定することや、条件を否定形にすることができます。プログラム表記では、以下の表の3つの論理演算子があります。

論理演算子	意味
and	かつ
or	または
not	～ではない

■ and（かつ）

条件式1と条件式2がある場合、「〈条件式1〉and〈条件式2〉」とすることで、条件式1と条件式2の結果がいずれも「真」である場合に「真」となり、それ以外の場合は「偽」となる記述です。

例えば、「kazu >= 1 and kazu <= 5」の場合、変数kazuの値が1以上かつ5以下の場合に「真」となり、それ以外の場合は「偽」となります。

■ or（または）

条件式1と条件式2がある場合、「〈条件式1〉or〈条件式2〉」とすることで、条件式1と条件式2のいずれか一方もしくは両方「真」である場合に「真」となり、それ以外の場合は「偽」となる記述です。

例えば、「kazu == 1 or kazu == 5」の場合、変数kazuの値が1または5の場合に「真」となり、それ以外の場合は「偽」となります。

■ not（～ではない）

条件式がある場合、「not(〈条件式〉)」の場合は、条件式の結果が「真」ならば「真ではない」という意味で「偽」となり、「偽」ならば「偽ではない」という意味で「真」となる記述です。

例えば、「not(kazu == 1)」の変数kazuの値が1の場合に「偽」となり、それ以外の場合は「真」となります。

Step2 例題を解いてみよう！ 動画を チェック

例題

　変数**kuji**の値が、5以上8以下の範囲ならば「3等」、1か3ならば「2等」、2でなければ「はずれ」、どれにもあてはまらなければ（変数**kuji**の値が2ならば）「1等」と表示されるように　**ア**　～　**ウ**　に入れる適切なものを解答群から選びなさい。

```
(1) kuji = 2
(2) もし kuji >= 5 | ア | kuji <= 8 ならば:
(3) | 表示する("3等")
(4) そうでなくもしkuji == 1 | イ | kuji == 3 ならば:
(5) | 表示する("2等")
(6) そうでなくもし | ウ | (kuji == 2) ならば:
(7) | 表示する("はずれ")
(8) そうでなければ:
(9) L 表示する("1等")
```

解答群 ❶ == 　❷ and 　❸ or 　❹ not

▶ 解答への思考プロセス

 (2)行目や(4)行目は2つの条件式が1行に書かれてありますが、2つも書いて良いのでしょうか？

 解答群の中にある**論理演算子**を使うことで、1行で複数の条件を判定することや、条件を否定形にすることができます。共通テスト用プログラム表記で使用される論理演算子には次のようなものがあります。

論理演算子	意味
and	かつ
or	または
not	～ではない

(2)行目の条件が「真」となれば(3)行目で「3等」と表示されます。問題文より「3等」が表示される条件は、変数**kuji**の値が、5以上8以下の範囲のときです。条件式1と条件式2の2つがある場合、「〈条件式1〉and〈条件式2〉」とすることで、条件式1と条件式2の結果がいずれも「真」である場合に「真」となり、それ以外の場合は「偽」となります。よって、(2)行目を「**kuji** >= 5 and **kuji** <= 8」とすることで変数**kuji**の値が5以上かつ8以下の場合に「真」となり、それ以外の場合は「偽」となります。よって、　**ア**　の正答は②の「and」が該当します。

ということは(4)行目は「2等」が表示されるための条件なので、変数kujiの値が1か3のときに「真」となる論理演算子の「or」を選べばいいのですね。

その通りです。条件式1と条件式2の2つがある場合、「〈条件式1〉or〈条件式2〉」とすることで、条件式1と条件式2のいずれか一方もしくは両方「真」である場合に「真」となり、それ以外の場合は「偽」となります。よって、(4)行目を「kuji == 1 or kuji == 3」とすることで変数kujiの値が1または3の場合に「真」となり、それ以外の場合は「偽」となります。よって、　イ　の正答は③の「or」が該当します。

(6)行目の空欄　ウ　は、条件式より前に空欄があるなんて不思議な形をしていますね。

そうですね。(6)行目は「はずれ」を表示するための条件です。問題文より変数kujiの値が2でなければ「はずれ」が表示されます。「～でなければ」は「not」の論理演算子を用いることで表現できます。「not(〈条件式〉)」と記述することで、条件式の結果が「真」ならば「真ではない」という意味で「偽」となり、「偽」ならば「偽ではない」という意味で「真」となる記述です。よって「not(kuji == 2)」とする変数kujiの値が2ではない場合に「真」となります。よって、　ウ　の正答は④の「not」が該当します。

(9)行目は今までのすべての条件にあてはまらなかった場合に「1等」と表示されます。今回のプログラムでは、変数kujiの値が2のときに「1等」が表示されます。

解答：　ア　②　　イ　③　　ウ　④

Step3 演習問題を解いて知識を定着させよう

（解答解説：p.181）

▶ 演習問題 1

変数 kuji の値が、1か2ならば「1等」、3以上7以下ならば「2等」、8か9ならば「3等」、それ以外なら「はずれ」と表示されるように ア ～ ウ に入れる適切なものを解答群から選びなさい。

```
(1) kuji = 2
(2) もし kuji == 1 ア kuji == 2 ならば:
(3)  | 表示する("1等")
(4) そうでなくもし kuji >= 3 イ kuji <= 7 ならば:
(5)  | 表示する("2等")
(6) そうでなくもし ウ (kuji == 8 ア kuji == 9) ならば:
(7)  | 表示する("はずれ")
(8) そうでなければ:
(9)  L 表示する("3等")
```

解答群 ❶ == ❷ and ❸ or ❹ not

▶ 演習問題 2

変数 kuji が1より大きく3以下、または、10以上20未満のときに「あたり」、それ以外のときに「はずれ」と表示されるように ア に入れる適当なものを解答群から選びなさい。

```
(1) kuji = 1
(2) もし ア ならば:
(3)  | 表示する("はずれ")
(4) そうでなければ:
(5)  L 表示する("あたり")
```

解答群 ❶ (kuji > 1 and kuji <= 3) or (kuji >= 10 and kuji < 20)
❷ not((kuji > 1 and kuji <= 3) or (kuji >= 10 and kuji < 20))
❸ (kuji >= 1 or kuji <= 3) and (kuji >= 10 or kuji <= 20)
❹ not((kuji >= 1 and kuji <= 3) and (kuji >= 10 and kuji <= 20))

Chapter1
1-5
繰り返し文①
（条件繰り返し文）

キーワード 繰り返し文

Step1 このセクションで学ぶ基本文法を理解しよう

▶ 繰り返し文とは

ある条件が満たされている間は同じ処理が繰り返される構造のことを繰り返し文（反復構造）といいます。繰り返し処理のことを**ループ**ともいいます。

```
(1)  〈条件〉の間繰り返す:
(2)  |  〈処理1〉
(3)  L  〈処理2〉
```

たとえば、変数iの値を1から5まで1ずつ増やしながら変数iの値を表示するプログラムとフローチャートは次のようになります。

```
(1)  i = 1
(2)  i <= 5 の間繰り返す:
(3)  |  表示する ( i )
(4)  L  i = i + 1
```

このプログラムは、(2)行目の条件式の結果が「真」の間、(3) 行目と (4) 行目の処理を繰り返すものです。つまり、変数iの値が5以下の間処理が繰り返されます。(4)行目の処理で、iが1→2→3→4→5と増えていき、5の表示後に1が足されて6になったら、(2)行目の判定で「偽」となり、繰り返し処理を抜け、処理が終了します。

Step2 例題を解いてみよう！

 動画を
チェック

例題

変数iの値が5以下の間、変数iの値を表示した後、変数iの値を2ずつ増やす処理を繰り返す。表示した変数iの値の合計値を最後に表示するプログラムを作成する。

　ア　・　イ　に当てはまるものを解答群からそれぞれ選び番号で答えなさい。

```
(1) i = 1
(2) goukei = 0
(3) i <= 5 の間繰り返す:
(4)  | 表示する(i)
(5)  | goukei =    ア
(6)  L i =    イ
(7) 表示する("合計：",goukei)
```

解答群 ❶ i + 1　　❷ i + 2　　❸ goukei + 2　　❹ goukei + i

▶ 解答への思考プロセス

 この問題を解く上では、繰り返し文に関する知識が必要です。次のフローチャートのように繰り返し条件を満たす間、ループ端で囲まれた範囲（処理1と処理2）の処理が繰り返されます。

行	共通テスト用プログラム表記
（1）	〈条件〉の間繰り返す:
（2）		〈処理1〉
（3）	L 〈処理2〉

 例題の(3)行目を見ると、変数iが5以下の間、(6)行目までの処理を繰り返すということですよね。変数iの初期値は、(1)行目で「i = 1」として1が設定されていますが、どこかで変数iの値を更新しているのですか。

 いいところに気が付きましたね。変数iの値を繰り返し処理の中で更新しないと、「i <= 5」の条件をずっと満たすことになるので、永久に繰り返しが行われてしまいます。プログラムをよく見ると、(6)行目は、変数iへの代入処理なので、ここで変数iの値が更新されることがわかります。

繰り返される範囲は、(4)〜(6)行目にかけて「|」と「L」の記号があり、その行頭が少し引っこんでいますが、これは処理のまとまり（制御範囲）を表しています（P.14参照）。つまり(3)行目の条件を満たす間、(4)〜(6)行目の処理が繰り返されます。実際に変数に値をあてはめて、繰り返し処理を追っていきましょう。

■ 繰り返し1周目 (i = 1)

```
(1)  i = 1 ················································ 変数iに1を代入
(2)  goukei = 0 ········································ 変数goukeiに0を代入
(3)  i <= 5 の間繰り返す:·························· 変数iの値は1なので判定は「真」
(4)  | 表示する ( i ) ······························· 変数iの値の「1」を表示
(5)  | goukei = [ ア ] goukei + i ········ 変数goukeiを0+1の結果の1に更新
(6)  L i = [ イ ] i + 2 ···················· 変数iを1+2の結果の3に更新
(7)  表示する("合計：", goukei) ············ ※繰り返し1周目ではこの処理は行われない
```

　(5)行目の [ア] について変数 goukei の更新処理です。問題文より「変数iの値の合計値を表示する」とあり、(7)行目で、合計値の表示処理で使われています。つまり、変数 goukei は都度更新される変数iの値の合計値を保持する変数だということがわかります。「goukei = goukei + i」とすれば、今の合計値(変数goukeiの値)と変数iの値を加算し、その値で変数 goukei の値を更新することができます。よって、 [ア] の正答は④の「goukei + i」が該当します。

 次の(6)行目の [イ] は変数iの更新処理で、問題文より「変数iの値を2ずつ増やす」とあるので、変数iの値に2を足す処理ということでしょうか？

 その通りです。「i = i + 2」とすれば、今の変数iの値に2を足し、その値で変数iの値を更新するという意味になります。よって、 [イ] の正答は②の「i + 2」が該当します。

　ここまでの各変数の内容をまとめると次のようになります。

繰り返し	i (更新前)	goukei (更新前)	goukei (goukei + i)	i (i + 2)
開始前	1	0	-	-
1周目	1	0	1	3

■ 繰り返し2周目 (i = 3)

```
(1)  i = 1 ················································ ※繰り返し2周目ではこの処理は行われない
(2)  goukei = 0 ········································ ※繰り返し2周目ではこの処理は行われない
(3)  i <= 5 の間繰り返す:·························· 変数iの値は3なので判定は「真」
(4)  | 表示する ( i ) ······························· 変数iの値の「3」を表示
(5)  | goukei = [ ア ] goukei + i ······ 変数goukeiを1+3の結果の4に更新
(6)  L i = [ イ ] i + 2 ···················· 変数iを3+2の結果の5に更新
(7)  表示する("合計：", goukei) ············ ※繰り返し2周目ではこの処理は行われない
```

　今まで説明した変数の内容をまとめると次のようになります。

繰り返し	i （更新前）	goukei （更新前）	goukei (goukei + i)	i (i + 2)
開始前	1	0	-	-
1周目	1	0	1	3
2周目	3	1	4	5

■ 繰り返し3周目（i = 5）

```
(1)  i = 1 ─────────────────────── ※繰り返し3周目ではこの処理は行われない
(2)  goukei = 0 ────────────────── ※繰り返し3周目ではこの処理は行われない
(3)  i <= 5 の間繰り返す: ────────── 変数iの値は5なので判定は「真」
(4)  | 表示する（i） ─────────────── 変数iの値の「5」を表示
(5)  | goukei = ［ ア ］ goukei + i ── 変数goukeiを4+5の結果の9に更新
(6)  └ i = ［ イ ］ i + 2 ────────── 変数iを5+2の結果の7に更新
(7)  表示する("合計：",goukei) ────── 3周目を抜けた後に「合計：9」と表示
```

　繰り返し3周目の終了後、(3)行目の繰り返し処理の判定に戻ります。変数iの値は7なので「i <= 5」の条件を満たさなくなります。そのため、次の繰り返し処理は行われず、(7)行目で「合計：9」と表示されます。

　今まで説明した変数の内容をまとめると次のようになります。

繰り返し	i （更新前）	goukei （更新前）	goukei (goukei + i)	i (i + 2)
開始前	1	0	-	-
1周目	1	0	1	3
2周目	3	1	4	5
3周目	5	4	9	7

実際に値をあてはめながら処理を追うと理解しやすいですね！

そうですね。大学入学共通テスト対策としても、実際に変数に値をあてはめてプログラムの処理内容を書き出す（トレースする）ことは有効な対策方法です。ぜひ自分でもやってみましょう！

解答：　［ ア ］ ④　　　　　［ イ ］ ②

▶ 演習問題1

　変数iの値が7以下の間、変数iの値を表示した後、変数iの値を3ずつ増やす処理を繰り返す。最後に表示した変数iの値の積を表示するプログラムを作成する。

　　　ア　・　イ　に当てはまるものを解答群からそれぞれ選び番号で答えなさい。

```
(1) i = 1
(2) seki = i
(3) i <= 7 の間繰り返す:
(4)  | 表示する ( i )
(5)  | seki = [ ア ]
(6)  L i = [ イ ]
(7) 表示する("積：",seki)
```

解答群 ❶ i + 2　❷ i + 3　❸ seki + i　❹ seki * i

▶ 演習問題2

　次のプログラムを実行した場合の実行結果（表示内容）を答えなさい。

```
(1) i = 10
(2) kazu = i
(3) i > 0 の間繰り返す:
(4)  | kazu = kazu * i
(5)  L i = i - 4
(6) 表示する(kazu)
```

Column

共通テスト用プログラム表記と PyPEN の制御範囲の表し方の違い

共通テスト用プログラム表記では、条件分岐文や繰り返し文の制御範囲を「|」と「L」の記号で表します。「|」は制御文が続いていることを示し、「L」は制御文の終わりを示します。

一方、PyPENやPythonでは半角スペース4つ分の字下げ（インデント）を行うことで制御範囲を表します。

◆ 条件分岐文

共通テスト用プログラム表記
kuji = 1 # くじの番号
もし kuji <= 4 ならば:
| 表示する("大吉")
そうでなければ:
L 表示する("中吉")

PyPENでの表記
kuji = 1 # くじの番号
もし kuji <= 4 ならば:
表示する("大吉")
そうでなければ:
表示する("中吉")

◆ 繰り返し文

共通テスト用プログラム表記
i = 1
goukei = 0
i <= 5 の間繰り返す:
| 表示する（i）
| goukei = goukei + i
L i = i + 2
表示する("合計:",goukei)

PyPENでの表記
i = 1
goukei = 0
i <= 5 の間繰り返す:
表示する（i）
goukei = goukei + i
i = i + 2
表示する("合計:",goukei)

共通テスト用プログラム表記とPyPENの表記は基本的には一致しますが、大学入試センターが発表している共通テスト用プログラム表記と完全に一致しないものもあります。本書で提供されるPyPENのソースコードの制御範囲以外の違いについては、PyPENソースのコメントに都度記述しています。

繰り返し文②
(順次繰り返し文)

✓ 動画をチェック

キーワード 順次繰り返し文

Step1 このセクションで学ぶ基本文法を理解しよう

▶ 順次繰り返し文とは

繰り返し文のうち、変数宣言と値の更新を繰り返し条件の中で行い、決められた値になるまで繰り返し処理を行うものを順次繰り返し文といいます。

```
(1)  〈変数〉を〈初期値〉から〈終了値〉まで〈増分〉ずつ増やしながら繰り返す:
(2)  |  〈処理1〉
(3)  L  〈処理2〉
```

上記の順次繰り返し文は、次の流れで処理が実行されます。

① 〈変数〉に〈初期値〉を代入する。
② 〈変数〉の値が〈終了値〉よりも小さければ③へ、大きければ、繰り返しを終了する。
③ 〈処理1〉と<処理2>を実行し、〈変数〉の値に〈増分〉を加え、②に戻る。

たとえば、変数 i の値を1（初期値）から5（終了値）まで1（増分）ずつ増やしながら変数 i の値を表示するプログラムおよびフローチャートは次のようになります。

プログラム
```
(1)  iを1から5まで1ずつ増やしながら繰り返す:
(2)  L  表示する(i)
```

カウントアップとは逆の、5から1まで1ずつ減らす処理をしたい場合は、以下のように「増やしながら」を「減らしながら」にします。

プログラム
```
(1)  iを5から1まで1ずつ減らしながら繰り返す:
(2)  L  表示する(i)
```

Step2 例題を解いてみよう！

例題

　以下のプログラムは変数 i の値を初期値1として5になるまで2ずつ増やしながら変数 i の値を表示する。また、表示した変数 i の値の和を求めて最後に表示する。

```
(1) goukei = 0
(2) iを1から5まで2ずつ増やしながら繰り返す:
(3) | 表示する(i)
(4) L goukei = goukei + i
(5) 表示する("合計：",goukei)
```

　このプログラムを実行した時に、繰り返し毎に各変数に格納される値について、以下の表の空欄部分を埋めて表を完成させなさい。

繰り返し	i	goukei(更新前)	goukei(goukei + i)
1周目	1	0	1
2周目	ア	イ	ウ
3周目	エ	オ	カ

▶ 解答への思考プロセス

　この問題を解くうえでは、順次繰り返し文に関する知識が必要です。繰り返し文のうち、変数宣言と値の更新を繰り返し条件の中で行い、決められた値になるまで繰り返し処理を行うものを順次繰り返し文といいます。

```
(1) 〈変数〉を〈初期値〉から〈終了値〉まで〈増分〉ずつ増やしながら繰り返す:
(2) | 〈処理1〉
(3) L 〈処理2〉
```

　前回の授業（Section1-5）の繰り返し文（条件繰り返し文）では、繰り返しの条件判定とカウントアップに使う変数の宣言と変数の更新処理は別々の行で行いましたが、この順次繰り返し文では1行でできるので便利そうですね。

　そうですね。今回は(2)行目で「iを1から5まで2ずつ増やしながら繰り返す:」とあるので、変数 i の初期値は1、終了値は5、増分は2ということになります。(2)行目から(5)行目の繰り返し処理を変数に値をあてはめて処理を追っていきましょう。

■ 繰り返し1周目（i = 1）

　変数 i の初期値は1なので(3)行目の処理で「1」が表示されます。

　(4)行目は、変数 goukei の初期値は0、変数 i の値は1なので、「goukei + i」は「0

＋1」を計算して1となり、変数**goukei**の値が1に更新されます。

つまり1周目の各変数の値は次のようになります。

繰り返し	i	goukei(更新前)	goukei(goukei + i)
1周目	1	0	1

■ 繰り返し2周目 (i = 3)

繰り返しの2周目は、「2ずつ増やしながら」とあるので、1週目の変数iの値である1に2を足すと3となると思います。つまり変数iの値が3に更新されて、2周目の繰り返し処理が開始されるということでしょうか？

その通りです！

ですので、(3)行目で、変数iの値である「3」が表示されます。(4)行目は、更新前の変数**goukei**の値は1です。つまり「**goukei + i**」は「**1 + 3**」を計算して4となり、変数**goukei**の値が4に更新されます。2周目の各変数の値は次のようになります。

繰り返し	i	goukei(更新前)	goukei(goukei + i)
2周目	3	1	4

■ 繰り返し3周目 (i = 5)

(2)行目に戻って、2週目の変数iの値である3に2を足すと5となります。つまり変数iの値が5に更新されて、3周目の繰り返し処理が開始されます。

(3)行目で、変数iの値である「5」が表示されます。

(4)行目は、更新前の変数**goukei**の値は4です。「**goukei + i**」は「4 + 5」を計算して9となり、変数**goukei**の値が9に更新されます。

3周目の各変数の値は次のようになります。

繰り返し	i	goukei(更新前)	goukei(goukei + i)
3周目	5	4	9

(2)行目に戻って、iが終了値の5に達していることから、繰り返し処理を抜けます。

(5)行目で変数**goukei**の値は9であることから、「合計：9」と表示されます。

まとめると、この問題の正答は次のようになります。

繰り返し	i		goukei(更新前)		goukei(goukei + i)	
1周目	1		0		1	
2周目	ア	3	イ	1	ウ	4
3周目	エ	5	オ	4	カ	9

解答： | ア | 3 | | イ | 1 | | ウ | 4 |

| エ | 5 | | オ | 4 | | カ | 9 |

Step3 演習問題を解いて知識を定着させよう

（解答解説：p.183）

▶ 演習問題1

実行結果（表示内容）が「結果：15」と表示されるように ｜ ア ｜ にあてはまるものを解答群から選びなさい。

```
(1) atai = 1
(2) iを   ア   繰り返す:
(3)  └ atai = atai * i
(4) 表示する("結果：",atai)
```

解答群
- ❶ 0から6まで2ずつ増やしながら
- ❷ 1から7まで3ずつ増やしながら
- ❸ 1から5まで2ずつ増やしながら
- ❹ 6から2まで2ずつ減らしながら

▶ 演習問題2

次のプログラムを実行した場合の実行結果（表示内容）を答えなさい。

```
(1) atai = 0
(2) iを5から1まで2ずつ減らしながら繰り返す:
(3)  └ atai = atai + i
(4) 表示する(atai)
```

Chapter1
1-7

配列①
（一次元配列）

キーワード 配列、配列名、要素、添字、初期値、初期化、参照

Step1 このセクションで学ぶ基本文法を理解しよう

▶ 配列とは

　配列は、複数の値を1つの名前で管理するデータです。値を入れられる箱が複数連なっているロッカーのようなイメージです。

　配列の名前のことを配列名といいます。共通テスト用プログラム表記では、配列名の先頭は大文字で始まります。

　値を入れる1つ1つの箱（変数）を要素といいます。要素の順番のことを添字（そえじ）といいます。添字は、要素番号とよぶこともあります。共通テスト用プログラム表記では、基本的に添字は0番からはじまります。

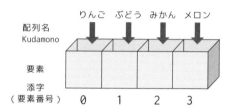

▶ 配列の定義と参照

　配列を定義し、各要素に値を代入するには、次のように記述します。配列に最初に代入したデータを初期値といいます。配列に初期値を代入したり、初期値に戻したりすることを、初期化といいます。

配列名 ＝ ［値1, 値2, 値3, ……, 値n］

　文字列の場合は、値を半角のダブルコーテーション（"）で囲む必要があります。

プログラム　**Kudamono** = ["りんご","ぶどう","みかん","メロン"]

　添字も含めると次のようなイメージです。

添字	0	1	2	3
要素	りんご	ぶどう	みかん	メロン

また、配列の要素を取り出すことを参照といいます。配列の各要素に格納されている値を参照する場合は、「配列名[添字]」と記述します。たとえば、配列の定義で説明した配列**Kudamono**の「ぶどう」を取り出したい場合は、ぶどうが格納されている要素の添字は1なので**Kudamono[1]**と記述します。

▶ 配列の要素の値の更新

配列の要素の値を更新したい場合は、次のように記述します。

```
配列名[添字] = 更新後の値
```

たとえば、配列**Kudamono**の添字2の要素の「みかん」を「バナナ」に変更したい場合は、「**Kudamono[2]** = "バナナ"」と記述します。

Step2 例題を解いてみよう！

動画をチェック

例題

次のプログラムを実行した場合の、実行結果（表示内容）を答えなさい。

```
(1) Yasai  = ["だいこん","にんじん","キャベツ","レタス"]
(2) Nedan  = [100,50,150,200]   #配列Yasaiの各要素に対応する値段を格納
(3) kosuu  = 2
(4) 表示する(Yasai[2],"を",kosuu,"個買ったら",Nedan[2] * kosuu,"円です。")
```

▶ 解答への思考プロセス

この問題を解く上では、配列に関する知識が必要です。
配列は、複数の値を1つの名前で管理するデータ構造です。値を入れられる箱が複数連なっているロッカーのようなイメージです。

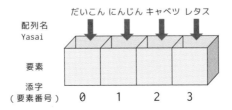

配列の名前のことを配列名といいます。値を入れる1つ1つの箱（変数）を要素といいます。要素の順番のことを添字（そえじ）といいます。添字は、要素番号とよぶこともあります。共通テスト用プログラム表記では、基本的に添字は**0番**からはじまります。

前に値を1つだけ入れることのできる変数を習いましたが、一つの名前で複数の値を管理できるのはグループ化できて便利そうですね。

そうですね。例題のプログラムを追いながら、配列の使い方を学んでいきましょう。
(1)行目は、配列の宣言です。配列を宣言し、各要素に初期値を代入するには、「配列名 ＝ [値1, 値2, 値3, ……, 値n]」と記述します。文字列の場合は、各値をダブルコーテーションで囲む必要があります。

よくみたら、代入演算子（＝）の使い方は、値を1つしか入れられない変数と同じ使い方ですね。

よく気づきましたね！　共通テスト用プログラム表記では、配列を表す変数（配列名）の場合は、大文字で始まります。ですので、変数名をみれば値を1つしか入れられない普通の変数なのか、配列を意味する配列名なのかを見分けることができます。
(1)行目の配列 **Yasai** と(2)行目の配列 **Nedan** を添字も含めたイメージは次のようになります。

配列名：**Yasai**

添字	0	1	2	3
要素	だいこん	にんじん	キャベツ	レタス

配列名：**Nedan**

添字	0	1	2	3
要素	100	50	150	200

(4)行目は表示処理ですね。「Yasai[2]」はどういう意味ですか。

それは、配列 **Yasai** の添字が2の要素の値を参照するという意味です。
配列の各要素の値を参照する場合は、「配列名 [添字]」というように記述します。つまり「Yasai[2]」とすると、配列 **Yasai** の添字が2の要素の「キャベツ」が取り出され表示されます。ただし、Yasai[4]のように、配列の中に存在しない添字を指定することはできません。
「Nedan[2] * kosuu」は、配列 **Nedan** の添字2の要素の150と変数 **kosuu** の値である2の積を求めるという意味です。つまり、150×2を計算して、300が表示されます。
まとめると、このプログラムを実行すると、(4)行目で「**キャベツを2個買ったら300円です。**」と表示され、これが例題の答えになります。

なるほど！　配列の使い方が理解できました！

解答：キャベツを2個買ったら300円です。

（解答解説：p.184）

Step3 演習問題を解いて知識を定着させよう

▶ 演習問題1

次のプログラムを実行した場合、「トマト」と表示されるように 「 ア 」 に当てはまるものを解答群から選び番号で答えなさい。

```
(1) Yasai = ["だいこん","にんじん","キャベツ","トマト"]
(2) atai = 　ア
(3) 表示する(atai)
```

 解答群　❶ Yasai[0]　❷ Yasai[1]　❸ Yasai[2]　❹ Yasai[3]　❺ Yasai[4]

▶ 演習問題2

次のプログラムを実行した場合の実行結果（表示内容）を答えなさい。

```
(1) Kudamono = ["りんご","ぶどう","みかん", "メロン"]
(2) Nedan = [100,50,150,500]　#配列Kudamonoの各要素に対応する値段を格納
(3) Kosuu = [2,3,1,5]　#配列Kudamonoの各要素に対応する購入個数を格納
(4) Nedan[1] = 200
(5) 表示する(Kudamono[1],"を",Kosuu[1],"個買ったら",Nedan[1] * Kosuu[1],"円
    です。")
```

▶ 演習問題3

次のプログラムを実行した場合の実行結果（表示内容）を答えなさい。

```
(1) Nedan = [100,50,150,200]
(2) soeji1 = 1
(3) soeji2 = 3
(4) 表示する(Nedan[soeji1] + Nedan[soeji2])
```

配列②（二次元配列）

キーワード 二次元配列、行、列

Step1 このセクションで学ぶ基本文法を理解しよう

▶ 一次元配列と二次元配列

前回のSection1-7で説明した、配列の要素を1つの添字で指定する配列を、**一次元配列**といいます。

一次元配列のイメージ

添字	0	1	2
要素	だいこん	にんじん	キャベツ

一方、行と列の2つの添字で要素を指定する配列を、**二次元配列**といいます。

二次元配列のイメージ

		列	
添字	0	1	2
行 0	だいこん	にんじん	キャベツ
行 1	ぶどう	メロン	もも

▶ 二次元配列の定義

二次元配列を宣言し、各要素に値を代入するには、次のように記述します。

配列名 = [[1行目の値をカンマ区切り],[2行目の値をカンマ区切り]…]

文字列の場合は、値をダブルコーテーションで囲む必要があります。

たとえば、2行3列の配列 **Foods** は次のように表されます。

Foods = [["だいこん","にんじん","キャベツ"],["ぶどう","メロン","もも"]]

配列名：**Foods**

添字	0	1	2
0	だいこん	にんじん	キャベツ
1	ぶどう	メロン	もも

配列の各要素は「配列名 [行の添字] [列の添字]」と表します。

添字	0	1	2
0	Foods[0][0]	Foods[0][1]	Foods[0][2]
1	Foods[1][0]	Foods[1][1]	Foods[1][2]

2行3列目の要素の値（もも）を参照したい場合は、「**Foods[1][2]**」と記述します。

⚠️**注意** 共通テスト時は「配列名[行の添字,列の添字]」の形で出題される可能性もあります。その場合は、上記の例の場合は「**Foods[1,2]**」の形となります。

本書では、多くの学校で採用されている Python や JavaScript の二次元配列の定義方法に合わせて解説します。

▶ 二次元配列の要素の更新

配列の要素を更新したい場合は、次のように記述します。

```
配列名[行の添字][列の添字] = 更新後の値
```

例えば、配列 **Foods** の2行1列目の「ぶどう」を「バナナ」に変更したい場合は、「**Foods[1][0]** = "バナナ"」と記述します。

Step2 例題を解いてみよう！

○動画をチェック

例題

次のプログラムを実行した場合の実行結果（表示内容）を答えなさい。

```
(1) Komon = [["野球部","サッカー部","テニス部"],["佐藤","山田","鈴木"]]
(2) 表示する(Komon[0][1],"の顧問は", Komon[1][1],"先生です。")
```

▶ 解答への思考プロセス

 この問題を解く上では、二次元配列に関する知識が必要です。行と列の2つの添字で要素を指定する配列を、**二次元配列**といいます。二次元配列を宣言し、各要素に値を代入するには、次のように記述します。

```
配列名 = [[1行目の値をカンマ区切り],[2行目の値をカンマ区切り]…]
```

(1)行目の配列 **Komon** は次のようなイメージです。

配列名：Komon

添字	0	1	2
0	野球部	サッカー部	テニス部
1	佐藤	山田	鈴木

(1)行目の二次元配列の定義だけみたら複雑に感じますが、イメージを表形式で書き出すと1行目が部活名、2行目が顧問の先生というのがわかりやすいですね。

そうですね。前回学んだ一次元配列ですと二つの配列に分ける必要がありますが、二次元配列を用いることでデータを一つの配列でまとめて管理することができます。配列の各要素は「配列名 [行の添字][列の添字]」と表します。

添字	0	1	2
0	Komon[0][0]	Komon[0][1]	Komon[0][2]
1	Komon[1][0]	Komon[1][1]	Komon[1][2]

たとえば、「表示する(Komon[0][2])」とした場合、「テニス部」という文字列が表示されます。

なるほど！ ということはプログラムの(2)行目にある「Komon[0][1]」の要素は行の添字は0、列の添字は1なので、1行2列目の「サッカー部」ということですね。

添字	0	1	2
0	野球部	サッカー部	テニス部
1	佐藤	山田	鈴木

その通りです！ 一次元配列と同じく添字は基本的に0からはじまるので、1から数える場合の行・列番号と不一致になることに気を付けてください。同じように、「Komon[1][1]」の要素は2行2列目の「山田」ということになります。1から数える行・列番号を添字に読み替えるには1を引くと覚えておくとよいでしょう。
まとめると、(2)行目の「表示する(Komon[0][1],"の顧問は", Komon[1][1],"先生です。")」は、「サッカー部の顧問は山田先生です。」と表示され、これが例題の答えとなります。
二次元配列の各要素の値を更新する場合は、「配列名 [行の添字][列の添字] = 更新後の値」のように記述します。
たとえば、配列Komonの「鈴木」を「小野」に変更する場合は、「Komon[1][2] = "小野"」というようになります。

なるほど！ 学校の時間割表などExcelの表のような形であらわされるデータは二次元配列で管理しやすそうですね。試しにプログラムを組んで二次元配列を使う練習をしたいと思います。

それはいいですね！ 実際に自分自身で作ってみることでプログラミングの力が付いてきますよ。

解答：サッカー部の顧問は山田先生です。

Step3 演習問題を解いて知識を定着させよう

（解答解説：p.185）

▶ 演習問題1

次のプログラムを実行した場合、「△」と表示されるように ア に入るものを解答群から選び番号で答えなさい。

```
(1) Kigou = [["○","□"], ["×","△"]]
(2) 表示する( ア )
```

 解答群 **❶** Kigou[0][0]　　**❷** Kigou[0][1]　　**❸** Kigou[1][0]　　**❹** Kigou[1][1]

▶ 演習問題2

次のプログラムを実行した場合の実行結果（表示内容）を答えなさい。

```
(1) Touban = [["月","火","水","木","金"], ["山田","鈴木","佐藤","小野","
    小林"]]
(2) 表示する(Touban[0][3],"の当番は",Touban[1][3],"さんです。")
```

▶ 演習問題3

次のプログラムを実行した場合の実行結果（表示内容）を答えなさい。

```
(1) Atai = [[1,2,3], [4,5,6],[7,8,9]]
(2) kekka = Atai[1][1] * Atai[2][1]
(3) 表示する(kekka)
```

関数①
(関数の概要)

>> 出る度 ★★

✓ 動画をチェック

キーワード 関数、引数、戻り値、組み込み関数、要素数、乱数

Step1 このセクションで学ぶ基本文法を理解しよう

▶ 関数とは

何度も使うひとまとまりの処理に名前を付けた機能を関数といいます。関数はプログラム本体が必要とするところで都度呼び出すことができます。

関数に引き渡す値を引数(ひきすう)といい、関数から呼び出し元に返される値を戻り値または返り値といいます。たとえば、ある数(引数)を2乗した値を返却する関数「二乗」がある場合、呼び出し元は引数に3を指定すると、3を2乗した9が戻り値として返されます。

関数の名称を関数名といいます。関数名の後のカッコ内に引数を指定します。引数が複数ある場合はカンマ(,)で区切ります。

関数名(引数1,引数2,…)

入試センターが発表している試作問題などの傾向より、たとえば、次のような関数があります。

関数	関数の説明	使用例
乱数 (n)	0以上n以下の整数をランダムに1つ返す関数	「atai = 乱数 (6)」とした場合、0から6 (引数) までの整数のうちいずれかが戻り値として変数 atai に代入される。
乱数 (n,m)	n以上m以下の整数をランダムに1つ返す関数	「atai = 乱数 (3,6)」とした場合、3 (引数) から6 (引数) までの整数のうちいずれかが戻り値として変数 atai に代入される。
要素数 (配列名)	引数に指定した配列の要素の数を返す関数	要素数が6個の配列 Data がある場合「atai = 要素数 (Data)」とした場合、6が変数 atai に代入される。

　プログラミング言語にあらかじめ用意された関数を**組み込み関数**といいます。これまで扱ってきた画面に表示するための機能である「表示する ()」も組み込み関数の一つです。逆に、プログラム作成者が関数の処理の中身を独自に作成した関数を**ユーザ定義関数**といいます。

　ユーザ定義関数の具体的な定義の方法は次のセクション (Section1-10) で説明します。大学入学共通テストで、「表示する ()」以外の関数が使われる場合は、その具体的な処理内容については説明が明記されるでしょう。

Step2 例題を解いてみよう！　　⊘動画をチェック

例題

　配列 **Data** の要素の値を1つだけランダムに出力するプログラムを作成する。
　関数「**要素数**」および「**乱数**」の説明を読み ┌─ **ア** ─┐ に当てはまるものを解答群から一つ選び番号で答えなさい。

```
(1) Data = ["A", "B", "C", "D", "E"]
(2) atai = 要素数(Data)
(3) atai =    ア
(4) 表示する(Data[atai])
```

【関数の説明】

関数	説明
要素数 (配列名)	引数に指定した配列の要素の数を返す関数
乱数 (n,m)	n以上m以下の整数をランダムに1つ返す関数

解答群　❶ **乱数** (0,atai)　　❷ **乱数** (atai)
　　　　❸ **乱数** (0,atai - 1)　❹ **乱数** (1,atai + 1)

▶ 解答への思考プロセス

(1)行目は配列**Data**の初期化ということはわかりますが、(2)行目の「**要素数 (Data)**」って何ですか。

これは、関数というものです。何度も使うひとまとまりの処理に名前を付けた機能 を関数といいます。

関数はプログラム本体が必要とするところで都度呼び出すことができます。関数の 名称を関数名といいます。関数名の後のカッコ内に引数を指定します。関数に引き 渡す値を引数（ひきすう）といい、関数から呼び出し元に返される値を戻り値または 返り値といいます。

う～ん、「**要素数(Data)**」とのひもづけがよくわかりません…。

関数の説明を一緒に確認しましょう。「**要素数**（配列名）」は、「引数に指定した配列 の要素の数を返す関数」とあります。先程のイメージにあてはめると次のようになり ます。

「**要素数（Data）**」の引数は配列**Data**です。配列**Data**の要素数は5個なので戻り値と して5が呼び出し元に返され、それを変数**atai**に代入しています。

つぎの(3)行目の　　**ア**　　は関数「**乱数**」の引数を解答群から選ぶ問題です。引数が 複数ある場合はカンマ(,)で区切ります。

ア の結果 (戻り値) を、変数 **atai** に代入していますね。変数 **atai** は (4) 行目で「表示する (Data[atai])」とあるので配列 **Data** の添字として使われていることがわかりますね。問題文に「配列 **Data** に格納されている要素のうち 1 つだけをランダムに出力する」とあるから、関数「**乱数**」から、配列 **Data** の添字の範囲内の数字をランダムに返すものを選べばよいのですね。

 よく理解できていますね。配列 **Data** の要素と添字との関係は次のようになります。

添字	0	1	2	3	4
要素	A	B	C	D	E

つまり添字は 0 ~ 4 の範囲ですね。関数「**乱数**」が添字の範囲内の値を返却するか、変数に値をあてはめて検証しましょう。変数 **atai** の値は 5 なので関数「**乱数**」に値をあてはめてみると次のようになります。

	関数	**atai** に 5 をあてはめる	戻り値の範囲
①	**乱数** (0,atai)	**乱数** (0,5)	0 ~ 5
②	**乱数** (atai)	**乱数** (5)	引数が 2 つ必要なのでエラーとなる。
③	**乱数** (0,atai - 1)	**乱数** (0,5 - 1)	0 ~ 4
④	**乱数** (1,atai + 1)	**乱数** (1,5 + 1)	1 ~ 6

 なるほど！ 配列 **Data** の要素数は 5 だけど添字の最大値は 4 なので変数 **atai** の値から 1 を引く必要があるのですね。

 その通りです。よって ア の正答は③の「**乱数** (0,atai - 1))」となります。

解答： ア ③

1

共通テスト用プログラム表記の基本文法を学ぼう

▶ 演習問題1

配列 **Data** の要素の値を1つだけランダムに出力するプログラムを作成する。

関数の説明を読み │ **ア** │ に当てはまるものを解答群から一つ選び番号で答えなさい。

```
(1) Data = ["1等", "2等", "3等", "3等", "はずれ"]
(2) atai = │  ア  │
(3) 表示する(Data[atai])
```

【関数の説明】

関数	説明
要素数（配列名）	引数に指定した配列の要素の数を返す関数
乱数(n)	0以上n以下の整数をランダムに1つ返す関数

解答群
❶ **乱数**(Data) 　　　　　　❷ **乱数**(**要素数**(Data))
❸ **乱数**(**要素数**(Data) -1) ❹ **乱数**(**要素数**(atai))

▶ 演習問題2

次のプログラムを実行した場合の実行結果（表示内容）を答えなさい。

```
(1) atai1 = 4
(2) atai2 = 2
(3) atai3 = beki(atai1,atai2)
(4) 表示する(atai3)
```

【関数の説明】

関数	説明
beki(m,n)	値mのn乗の値を返す関数

関数②（ユーザ定義関数の作成）

>> 出る度 ★

 動画をチェック

キーワード ユーザ定義関数、仮引数、実引数

Step1 このセクションで学ぶ基本文法を理解しよう

▶ ユーザ定義関数とは

プログラムを作成する人（ユーザ）が関数内の処理を独自に作成した関数を**ユーザ定義関数**といいます。

引数のうち、呼び出される側（関数の定義側）の引数を**仮引数**、関数を呼び出す側の引数を**実引数**といいます。関数の呼び出し時に実引数の値が仮引数に代入されます。一般的には両者をまとめて引数と表現することが多いです。

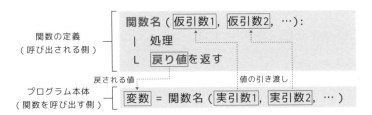

たとえば、縦と横の長さ(cm)を引数として受け渡し四角形の面積を返却する関数「**menseki**」は次のように定義します。この場合、実引数は5と6、仮引数は**yoko**と**tate**が対応します。

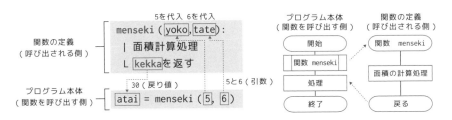

【関数の定義】

(1) **menseki(yoko,tate):** ……… 関数名；menseki 引数；yokoとtate
(2) | **kekka = yoko * tate** ……… 四角形の面積を求めて結果を変数kekkaに代入
(3) L **kekkaを返す** ……… 変数kekkaの値を戻り値として返す

【プログラム本体（関数の呼び出す側）】

```
(1) atai = menseki(5,6) ……… 関数mensekiを呼び出し，戻り値を変数ataiに代入
(2) 表示する("面積は",atai,"cm²です。") ………「面積は 30 cm²です。」と表示
```

Step2 例題を解いてみよう！ ⊘動画を チェック

例題

　関数 **keisan** を定義し、プログラム本体から関数 **keisan** を呼び出すプログラムを作成した。

　プログラム本体を実行した場合の実行結果（表示内容）を答えなさい。

【関数の定義】

```
(1) keisan(atai1,atai2):
(2) | kekka = atai1 * atai2 / 2
(3) L kekkaを返す
```

【プログラム本体（関数を呼び出す側）】

```
(1) kazu = keisan(4,5)
(2) 表示する(kazu)
```

▶ 解答への思考プロセス

　この問題を解くうえで、ユーザ定義関数の定義方法についての知識が必要になります。関数の中でプログラムを作成する人（ユーザ）が、関数内の処理を独自に作成した関数を**ユーザ定義関数**といいます。引数のうち、呼び出される側（関数の定義側）の引数を**仮引数**、関数を呼び出す側の引数を**実引数**といいます。関数の呼び出し時に実引数の値が仮引数に代入されます。一般的には両者をまとめて引数と表現することが多いです。

　関数の定義方法と関数の呼び出し方法は次のようになります。

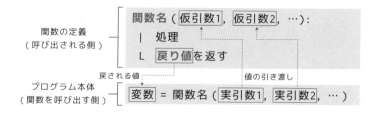

すこし複雑に感じますね。例題も関数とプログラム本体の2つありますがどのように追えばよいのでしょうか。

プログラム本体（関数を呼び出す側）の処理から値をあてはめて順を追って見ていきましょう。プログラムの各行の説明は次のようになります。

【関数の定義】

```
(1) keisan(atai1,atai2):            関数名：keisan 引数：atai1とatai2
(2) | kekka = atai1 * atai2 / 2     計算結果を変数kekkaに代入
(3) L kekkaを返す                    変数kekkaの値を戻り値として返す
```

【プログラム本体（関数を呼び出す側）】

```
(1) kazu = keisan ( 4 , 5 )         関数keisanを呼び出し，戻り値を変数kazuに代入
(2) 表示する(kazu)                   変数kazuの値を表示
```

プログラム本体（関数を呼び出す側）の(1)行目の「**keisan(4,5)**」は、関数**keisan**を呼び出し、引数として4と5が受け渡されます。受け渡された引数は、関数の定義の(1)行目が対応していて**atai1**に4、**atai2**に5が代入されます。そして(2)行目からの処理を実行します。

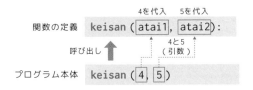

なるほど！　ということは関数のプログラム(2)行目の「**kekka = atai1 * atai2 / 2**」は値をあてはめると「4×5÷2」の計算結果の10が変数**kekka**に代入されるのですね。

そのとおりです。よって、関数のプログラム(3)行目では、変数**kekka**の値である10が戻り値として関数呼び出し元に返却されます。プログラム本体（関数を呼び出す側）はその結果を変数**kazu**に代入します。そして(2)行目で10が表示されます。よってこの問題の答えは10となります。まとめると次のようなイメージとなります。

解答：10

▶ 演習問題1

関数 keisan を定義し、プログラム本体から関数 keisan を呼び出すプログラムを作成した。プログラム本体を実行した場合の実行結果（表示内容）を答えなさい。

【関数の定義】

```
(1) keisan(atai1,atai2):
(2)  | kekka = atai1 / atai2
(3)  L kekkaを返す
```

【プログラム本体（関数を呼び出す側）】

```
(1) kazu1 = 4, kazu2 = 2
(2) modori = keisan ( kazu1,kazu2 )
(3) 表示する(modori)
```

▶ 演習問題2

プログラム本体を実行した場合の実行結果（表示内容）を答えなさい。

【関数の定義】

```
(1) kuji(atai):
(2)  | もし atai % 2 == 0 ならば:
(3)  |  | kekka = "あたり"
(4)  | そうでなければ:
(5)  L kekka = "はずれ"
(6)  L kekkaを返す
```

【プログラム本体（関数を呼び出す側）】

```
(1) atai = kuji(5)
(2) 表示する(atai)
```

複数の文法を
組み合わせた
基本問題に慣れよう

Chapter2
2-1
条件判定の繰り返し
（条件分岐文×繰り返し文）

キーワード 条件分岐文、繰り返し文

Step1 例題を解いてみよう

例題

次のプログラムを実行した場合の実行結果（表示内容）を答えなさい。

```
(1) kazu = 1
(2) iを1から3まで1ずつ増やしながら繰り返す:
(3) | もし i % 2 == 0 ならば:
(4) | | kazu = kazu + 1
(5) | そうでなければ:
(6) ∟ ∟ kazu = kazu * 2
(7) 表示する(kazu)
```

▶ 解答への思考プロセス

 動画をチェック

 1章で習った繰り返し文の中に条件分岐文があるプログラムですね。入れ子式になると難しく感じますね…。

 そうですね。はじめは戸惑うかもしれませんが1行ずつ順番に変数に値をあてはめながら、処理を追っていけば解ける問題ですよ。まずフローチャートとプログラムの各行の内容は次の通りです。

```
(1) kazu = 1 ·············································· 変数kazuに1を代入
(2) iを1から3まで1ずつ増やしながら繰り返す: … (6)行目までの繰り返し条件
(3) | もし i % 2 == 0 ならば: ········· 変数iの値を2で割った余りが0ならば「真」
                                  となり(4)行目の処理を行う
(4) | | kazu = kazu + 1 ·························· 変数kazuの値に1を足す
(5) | そうでなければ: ········· (3)行目の判定が「偽」ならば(6)行目の処理を行う
(6) ∟ ∟ kazu = kazu * 2 ·························· 変数kazuの値に2を掛ける
(7) 表示する(kazu) ································· 変数kazuの値を表示
```

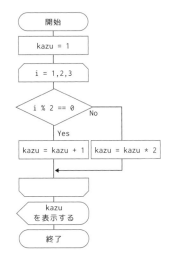

（3）行目の「i % 2 == 0」は、変数iの値を2で割った余りが0なら「真」、そうでなければ「偽」となる判定でしたよね。つまり変数iの値が偶数の場合、判定が「真」となるということでしょうか？

その通りです。では繰り返しの1周目から値をあてはめて処理を追っていきましょう。

■ 繰り返し1周目（i = 1）　※繰り返し部分を抜粋

```
(2)  iを1から3まで1ずつ増やしながら繰り返す： …… 変数iに1を代入
(3)  │ もし i % 2 == 0 ならば： …… 1を2で割った余りは1なので判定結果は「偽」
                                   となり(6)行目の処理を行う
(4)  │ │ kazu = kazu + 1 ……………………………………… ※実行されない
(5)  │ そうでなければ：
(6)  L L kazu = kazu * 2 ……………………………… 1x2の結果の2を変数kazuに代入
```

1周目終了時は各変数の値は次の通りとなります。

繰り返し	i	kazu
1周目終了時	1	2

■ 繰り返し2周目（i = 2）　※繰り返し部分を抜粋

```
(2)  iを1から3まで1ずつ増やしながら繰り返す： …… 変数iに2を代入
(3)  │ もし i % 2 == 0 ならば： …………………… 2を2で割った余りは0なので判定結果
                                          は「真」となり(4)行目の処理を行う
(4)  │ │ kazu = kazu + 1 …………………………… 2+1の結果の3を変数kazuに代入
(5)  │ そうでなければ： ……………………………………… ※実行されない
(6)  L L kazu = kazu * 2 ……………………………………… ※実行されない
```

2周目終了時は各変数の値は次の通りとなります。

繰り返し	i	kazu
2周目終了時	2	3

 追い方がわかってきました！　次の繰り返し3周目は変数iの値は3に更新されるので、「i % 2 == 0」の判定は「偽」となり(6)行目の処理が行われますね。

 その通りです。
3周目の処理をまとめると次のようになります。

■ 繰り返し3周目（i = 3）　※繰り返し部分を抜粋

```
(2) iを1から3まで1ずつ増やしながら繰り返す:  ……………… 変数iに3を代入
(3)  | もし i % 2 == 0 ならば:  ……………………  3を2で割った余りは1なので判定結果
                                              は「偽」となり(6)行目の処理を行う
(4)  |  | kazu = kazu + 1  ………………………………  ※実行されない
(5)  | そうでなければ:
(6)  L  L kazu = kazu * 2  …………………………… 3x2の結果の6を変数kazuに代入
```

3周目終了時は各変数の値は次の通りとなります。

繰り返し	i	kazu
3周目終了時	3	6

ここで繰り返しの終了条件のiが3まで達したので、繰り返し処理を抜けて、(7)行目の表示処理で変数kazuの値である6が表示されます。よって、この問題の正答は6となります。

解答：6

Step 2 演習問題を解いて知識を定着させよう

（解答解説：p.189）

▶ **演習問題 1**

次のプログラムを実行した場合の実行結果（表示内容）を答えなさい。

```
(1) kazu = 1
(2) iを0から2まで1ずつ増やしながら繰り返す：
(3)  | もし i % 2 == 1 ならば：
(4)  |  | kazu = kazu * 2
(5)  | そうでなければ：
(6)  L  L kazu = kazu * 3
(7) 表示する(kazu)
```

▶ **演習問題 2**

次のプログラムを実行した場合の実行結果（表示内容）を答えなさい。

```
(1) kazu = 2
(2) iを4から6まで1ずつ増やしながら繰り返す：
(3)  | もし i % 3 == 0 ならば：
(4)  |  | kazu = kazu + i
(5)  | そうでなくもし i % 3 == 1 ならば：
(6)  |  | kazu = kazu * i
(7)  | そうでなければ：
(8)  L  L kazu = kazu - i
(9) 表示する(kazu)
```

関数を用いた条件判定の繰り返し（条件分岐文×繰り返し文×関数）

Chapter2

2-2

キーワード 条件分岐文、繰り返し文、関数、乱数

Step1 例題を解いてみよう

例題

次の条件でくじ引きを行うプログラムを作成する。

【条件】

・くじ引きは全部で3回行う。

・関数「乱数」を用いて1～10までのランダムな数字を1つ生成する。

・数字が1の場合は「1等」、2～3の場合は「2等」、4～10の場合は「3等」と表示する。

・「〇回目：〇等」という形式で1回目から3回目までの結果を表示する。

【関数の説明】

関数	説明
乱数(n)	0以上n未満の整数をランダムに1つ返す関数

　ア ～ ウ に入れる数字を答えなさい。

```
(1) kaisuu = 1
(2) kaisuu <   ア   の間繰り返す:
(3) | kuji = 乱数(  イ  ) + 1
(4) | もし kuji == 1 ならば:
(5) | | 表示する(kaisuu,"回目：1等")
(6) | そうでなくもし kuji <=  ウ  ならば:
(7) | | 表示する(kaisuu,"回目：2等")
(8) | そうでなければ:
(9) | └ 表示する(kaisuu,"回目：3等")
(10) └ kaisuu = kaisuu + 1
```

解答への思考プロセス

 (2)行目の ┌─**ア**─┐ の部分は繰り返しの継続条件ですね。問題文の条件の中に「くじ引きは全部で3回行う」とあるから、3回繰り返すようにすればよいのですね。

その通りです。「kaisuu < ┌─**ア**─┐」は、変数kaisuuの値が ┌─**ア**─┐ より小さい間繰り返すという意味です。変数kaisuuの初期値は1で、繰り返しの最後の(10)行目の「kaisuu = kaisuu + 1」で1ずつカウントアップしています。
変数kaisuuの値は、繰り返し条件の判定時と最後の(10)行目において次のようになります。

繰り返し	(2)行目の継続判定時	(10)行目のカウントアップ後
1周目	1	2
2周目	2	3
3周目	3	4
4周目	4	-

注目すべき点は、4周目を行うかの判定時に変数kaisuuの値は4になっています。この時は、繰り返しは3回行うことが条件なので、ここでの判定結果は「偽」とならなければいけません。「kaisuu < 4」とすれば判定が「偽」となり繰り返しを抜けることができます。つまり、┌─**ア**─┐ の正答は4となります。

 次の(3)行目の「**乱数** (┌─**イ**─┐)」の部分はどういう意味でしたっけ?

 関数「**乱数**」の引数を答える問題ですね。Section1-9でも説明したように、ひとまとまりの処理に名前を付けた機能を関数といいます。関数に引き渡す値を引数(ひきすう)といい、関数から呼び出し元に返される値を戻り値または返り値といいます。
「**乱数** (n)」は「0以上n未満の整数をランダムに1つ返す関数」とあります。たとえば、引数を10として「**乱数** (10)」とした場合、0〜9の範囲の数字の1つがランダムに返されます。

呼び出し元
乱数(10)
関数名 引数

10(引数)→

0〜9のいずれかの値
(戻り値)

関数:乱数
0〜10未満の整数のうち
ランダムな値を算出

今回の条件は「関数「**乱数**」を用いて1〜10までのランダムな数字を1つ生成する」とあります。「**乱数** (n)」は「0以上n未満の整数をランダムに1つ返す関数」とありますが、今回の開始番号は1でなくてはなりません。返された値に1を足せば1からの範囲にすることができます。
よって、「**乱数** (10) + 1」とすれば1〜10の範囲内の数字がランダムに返されることから、┌─**イ**─┐ の正答は10となります。

(6)行目の ウ は、2等を表示するための条件となります。問題文より「2～3の場合は「2等」」の部分が対応しています。変数kujiの値が1のパターンは既に(4)行目の判定済みなので、(6)行目の判定処理時の変数kujiの範囲は2～10の範囲となります。「kuji <= 3」とすれば、「変数kujiの値が3以下ならば」という条件となり、2か3の場合に2等となります。よって、 ウ の正答は3となります。

空欄部分を埋めたプログラムの各行の説明は次のようになります。

```
(1)  kaisuu = 1 ································································ 変数kaisuuに1を代入
(2)  kaisuu < 4 の間繰り返す: ································· 変数kaisuuの値が4より小さい間
                                                            (10)行目までの処理を繰り返す
(3)  | kuji = 乱数(10) + 1 ····· 1～10の範囲の乱数を1つ生成し、変数kujiに代入
(4)  | もし kuji == 1 ならば: ·············· 変数kujiの値が1ならば「真」
(5)  |  | 表示する(kaisuu,"回目:1等") ············· 「○回目:1等」と表示
(6)  | そうでなくもし kuji <= 3 ならば: ······· 変数kujiの値が3以下ならば「真」
(7)  |  | 表示する(kaisuu,"回目:2等") ············· 「○回目:2等」と表示
(8)  | そうでなければ: ····························· (4)・(6)行目の判定が「偽」ならば
(9)  |  L 表示する(kaisuu,"回目:3等") ············· 「○回目:3等」と表示
(10) L kaisuu = kaisuu + 1 ······················ 変数kaisuuの値を1カウントアップ
```

 なるほど。よく理解できました。

解答： ア 4　 イ 10　 ウ 3

演習問題1

以下の関数「乱数」を使ってプログラムを作成した。

【関数の説明】

関数	説明
乱数 (n,m)	n 以上 m 以下の整数をランダムに1つ返す関数

```
(1)  kaisuu = 1
(2)  kaisuu <= 3 の間繰り返す:
(3)  | kazu = 乱数(1,8)
(4)  | もし kazu > 7 ならば:
(5)  | | 表示する(kazu * kaisuu)
(6)  | そうでなくもし kazu >= 3 ならば:
(7)  | | 表示する(kazu + kaisuu)
(8)  | そうでなければ:
(9)  | L 表示する(kazu - kaisuu)
(10) L kaisuu = kaisuu + 1
```

このプログラムを実行した時の表示内容について空欄部分を埋めて表を完成させなさい。

繰り返し	乱数 (1,8) の戻り値	表示内容
1周目	2	ア
2周目	8	イ
3周目	7	ウ

Chapter2
2-3

配列の繰り返し参照
(一次元配列の繰り返し文)

キーワード 一次元配列、繰り返し文、要素、添字

Step1 例題を解いてみよう

例題

次のプログラムを実行した場合の実行結果 (表示内容) を答えなさい。

```
(1) Data = [4,7,1,8,9,4,3]
(2) goukei = 0
(3) iを1から5まで2ずつ増やしながら繰り返す:
(4) ┗ goukei = goukei + Data[i]
(5) 表示する(goukei)
```

▶ 解答への思考プロセス

 動画をチェック

 (1)行目の「Data = [4,7,1,8,9,4,3]」は複数の数字が並んでいます
が、どのような処理でしたっけ？

 (1)行目は配列の初期化処理です。配列は、複数の値を1つの名前
で管理するデータ構造です。値を入れる1つ1つの箱 (変数) を要素といいます。要
素の順番のことを添字といいます。注意すべき点は、共通テスト用プログラム表記
で添字は特に説明の無い限り基本的に0番から数えます。

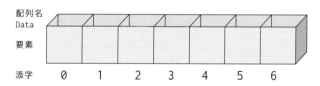

配列名 Data
要素
添字　0　1　2　3　4　5　6

今回の配列Dataの要素と添字の関係は次のようになります。

添字	0	1	2	3	4	5	6
要素	4	7	1	8	9	4	3

思い出しました！ (3)行目は「iを1から5まで2ずつ増やしながら繰り返す：」とあるから、繰り返し毎に変数iの値が1→3→5になるのですね。

その通りです。この問題で注意すべき点は、添字が0番から始まるという点と繰り返し処理の変数iの値が2ずつ増えるということです。
今説明したプログラムの概要をまとめると次のようになります。

```
(1)  Data = [4,7,1,8,9,4,3] ················· 配列Dataの初期化
(2)  goukei = 0 ················· 変数goukeiに0を代入
(3)  iを1から5まで2ずつ増やしながら繰り返す： ····· 変数iの値が1→3→5と変化し
                                        (4)行目の処理を3回繰り返す
(4)   L goukei = goukei + Data[i] ········· 変数goukeiの値と配列Dataの添字iの要素
                                        の値を加算して、変数goukeiの値を更新
(5)  表示する(goukei) ················· 変数goukeiの値を表示
```

(4)行目の「goukei = goukei + Data[i]」の「Data[i]」の部分は、配列Dataの添字iの要素を参照しています。
変数に実際の値をあてはめると繰り返し処理の中でData[1]→Data[3]→Data[5]となるので、対応する要素は次の太枠で囲んだ部分になります。

配列Data	Data[0]	Data[1]	Data[2]	Data[3]	Data[4]	Data[5]	Data[6]
要素	4	7	1	8	9	4	3

何となくわかりましたが、実際に繰り返し毎で説明してほしいです。

それでは具体的に繰り返し毎の処理を追っていきましょう。

■ 繰り返し1周目 (i = 1)

```
(1)  Data = [4,7,1,8,9,4,3] ················· 配列Dataの初期化
(2)  goukei = 0 ················· 変数goukeiに0を代入
(3)  iを1から5まで2ずつ増やしながら繰り返す： ················· 変数iに1を代入
(4)   L goukei = goukei + Data[i] ········· Data[i]→Data[1]なので7が取得できる
                                        0+7の結果の7を変数goukeiに代入
(5)  表示する(goukei) ················· ※実行されない
```

繰り返しの1周目の終わりに変数goukeiの値は「7」になっていますね。

そうですね。2周目以降も確認してみましょう。

■ 繰り返し2周目（i = 3）

(1) `Data = [4,7,1,8,9,4,3]` ··· ※実行されない
(2) `goukei = 0` ·· ※実行されない
(3) `i`を1から5まで2ずつ増やしながら繰り返す： ··············· 変数iに3を代入
(4) 　L `goukei = goukei + Data[i]` ············ Data[i]→Data[3]なので8が取得できる
　　　　　　　　　　　　　　　　　　　　　7+8の結果の15を変数goukeiに代入
(5) 表示する(`goukei`) ··· ※実行されない

■ 繰り返し3周目（i = 5）

(1) `Data = [4,7,1,8,9,4,3]` ··· ※実行されない
(2) `goukei = 0` ·· ※実行されない
(3) `i`を1から5まで2ずつ増やしながら繰り返す： ··············· 変数iに5を代入
(4) 　L `goukei = goukei + Data[i]` ············ Data[i]→Data[5]なので4が取得できる
　　　　　　　　　　　　　　　　　　　　　15+4の結果の19を変数goukeiに代入
(5) 表示する(`goukei`) ····················· 変数goukeiの値である「19」を表示

繰り返し処理毎の変数の値は次のようになります。

繰り返し	i	goukei （開始時）	Data[i]	goukei + Data[i]	goukei （終了時）
1周目	1	0	7	0 + 7	7
2周目	3	7	8	7 + 8	15
3周目	5	15	4	15 + 4	19

繰り返し3周目での変数**goukei**の値である19が表示されます。よって、この問題の正答は19となります。

比較的短いプログラムですが、変数**i**が配列**Data**の添字として使われているところがややこしいですね。

はい。大学入学共通テストのプログラミング問題では、今回の変数**i**のように繰り返しの定義で使われている変数が繰り返し処理内でも使われることがあります。
問題を解くコツは、今回のように実際に数字をあてはめてみてイメージをつかむことです。はじめは時間がかかるかもしれませんが、練習を重ねていくうちに解くスピードも上がっていきますよ。

はい、がんばります！

解答：19

Step2 演習問題を解いて知識を定着させよう

(解答解説：p.190)

▶ 演習問題1

次のプログラムを実行した場合の実行結果（表示内容）を答えなさい。

```
(1) Data = [5,7,6,7,2,9,10]
(2) kazu= 0
(3) iを4から0まで2ずつ減らしながら繰り返す:
(4)  L kazu = Data[i] - kazu
(5) 表示する(kazu)
```

▶ 演習問題2

次のプログラムを実行した場合の実行結果（表示内容）を答えなさい。

```
(1) Data1 = [1,6,5,2,3,2,4,8]
(2) Data2 = [4,7,1,8,9,4,3,7]
(3) kazu = 0
(4) iを0から6まで3ずつ増やしながら繰り返す:
(5)  L kazu = kazu + Data1[i] + Data2[i + 1]
(6) 表示する(kazu)
```

▶ 演習問題3

実行結果（表示内容）が「28」と表示されるように ア にあてはまるものを解答群から選びなさい。

```
(1) Data = [1,2,3,4,5,6,7,8]
(2) kazu = 1
(3) iを6から0まで3ずつ減らしながら繰り返す:
(4)  L kazu = ア
(5) 表示する(kazu)
```

 解答群 ❶ kazu + Data[i]　❷ kazu * Data[i]　❸ kazu - Data[i]

二次元配列の繰り返し参照
(二次元配列の繰り返し文)

キーワード 二次元配列、繰り返し文、行、列

Step1 例題を解いてみよう

例題

次のプログラムを実行した場合の実行結果 (表示内容) を答えなさい。

```
(1) Data = [[1,2,3],[4,5,6],[7,8,9]]
(2) goukei = 0
(3) iを0から2まで1ずつ増やしながら繰り返す:
(4)  └ goukei = goukei + Data[i][i]
(5) 表示する(goukei)
```

▶ 解答への思考プロセス

 動画をチェック

 (1)行目の「Data = [[1,2,3],[4,5,6],[7,8,9]]」は、たしか配列の定義方法の一つでしたよね。少し複雑なので、具体的にどのようになるかを忘れてしまいました。

 それでは復習から入っていきましょう。(1)行目は二次元配列の初期化の処理です。
二次元配列は、行と列の2つの添字で要素を指定する配列のことです。
二次元配列を宣言し、各要素に値を代入するには、次のように記述します。

配列名 = [[1行目の値をカンマ区切り],[2行目の値をカンマ区切り]…]

(1)行目の配列**Data**は次のようなイメージです。

配列名:Data

添字	列 0	列 1	列 2
0	1	2	3
行 1	4	5	6
2	7	8	9

思い出しました！ (3)行目は「iを0から2まで1ずつ増やしながら繰り返す:」とあるから、繰り返し毎に変数iの値が0→1→2になるのですね。

その通りです。この問題で注意すべき点は、(4)行目で「Data[i][i]」の部分で変数iが配列の添字を指定する変数として使われていることです。配列の各要素は「配列名[行の添字][列の添字]」と表します。
今回の配列Dataの場合は次のようになります。

2
複数の文法を組み合わせた基本問題に慣れよう

添字	0	1	2
0	Data[0][0]	Data[0][1]	Data[0][2]
1	Data[1][0]	Data[1][1]	Data[1][2]
2	Data[2][0]	Data[2][1]	Data[2][2]

(4)行目の「Data[i][i]」の部分は、変数に実際の値をあてはめると繰り返し処理の中でData[0][0]→Data[1][1]→Data[2][2]となるので、対応する要素は次の太枠で囲んだ部分になります。

添字	0	1	2
0	1	2	3
1	4	5	6
2	7	8	9

繰り返し1周目から順番に見ていきましょう。

■ 繰り返し1周目 (i = 0)

添字	0	1	2
0	Data[0][0]	Data[0][1]	Data[0][2]
1	Data[1][0]	Data[1][1]	Data[1][2]
2	Data[2][0]	Data[2][1]	Data[2][2]

添字	0	1	2
0	1	2	3
1	4	5	6
2	7	8	9

(1) `Data = [[1,2,3],[4,5,6],[7,8,9]]` ·········· 二次元配列Dataの初期化処理
(2) `goukei = 0` ··· 変数goukeiに0を代入
(3) `iを0から2まで1ずつ増やしながら繰り返す:` ········ 変数iに0を代入
(4) 　L `goukei = goukei + Data[i][i]` ······· Data[i][i]→Data[0][0]は1が取得できる
　　　　　　　　　　　　　　　　　　　　　　　0+1の結果の1を変数goukeiに代入
(5) `表示する(goukei)` ································· ※実行されない

繰り返しの1周目はData[i][i]がData[0][0]になるので1になりますね。なので変数goukeiの値は0+1=1になるということですね。

その調子です！ 残りも見ていきましょう。

■ 繰り返し2周目 (i = 1)

添字	0	1	2
0	Data[0][0]	Data[0][1]	Data[0][2]
1	Data[1][0]	Data[1][1]	Data[1][2]
2	Data[2][0]	Data[2][1]	Data[2][2]

添字	0	1	2
0	1	2	3
1	4	5	6
2	7	8	9

(1) `Data = [[1,2,3],[4,5,6],[7,8,9]]` ……………………… ※実行されない
(2) `goukei = 0` …………………………………………………… ※実行されない
(3) iを0から2まで1ずつ増やしながら繰り返す： ……………… 変数iに1を代入
(4) └ `goukei = goukei + Data[i][i]` …… Data[i][i]→Data[1][1]は5が取得できる
　　　　　　　　　　　　　　　　　　　　　 1+5の結果の6を変数goukeiに代入
(5) 表示する(`goukei`) ………………………………………… ※実行されない

■ 繰り返し3周目 (i = 2)

添字	0	1	2
0	Data[0][0]	Data[0][1]	Data[0][2]
1	Data[1][0]	Data[1][1]	Data[1][2]
2	Data[2][0]	Data[2][1]	Data[2][2]

添字	0	1	2
0	1	2	3
1	4	5	6
2	7	8	9

(1) `Data = [[1,2,3],[4,5,6],[7,8,9]]` ……………………… ※実行されない
(2) `goukei = 0` …………………………………………………… ※実行されない
(3) iを0から2まで1ずつ増やしながら繰り返す： ……………… 変数iに2を代入
(4) └ `goukei = goukei + Data[i][i]` …… Data[i][i]→Data[2][2]は9が取得できる
　　　　　　　　　　　　　　　　　　　　　 6+9の結果の15を変数goukeiに代入
(5) 表示する(`goukei`) ………………………………………… 変数goukeiの値である「15」を表示

繰り返し処理毎の変数の値は次のようになります。

繰り返し	i	goukei (開始時)	Data[i][i]	goukei + Data[i][i]	goukei (終了時)
1周目	0	0	1	0 + 1 = 1	1
2周目	1	1	5	1 + 5 = 6	6
3周目	2	6	9	6 + 9 = 15	15

繰り返し3周目での変数**goukei**の値である15が表示されます。よって、この問題
の正答は15となります。

なお、大学入学共通テストの時は「配列名[行の添字][列の添字]」は「配列名[行の
添字,列の添字]」の形で出題される可能性もあります。その場合は、「**Data[1][2]**」
は「**Data[1,2]**」の形となります。

なるほど、繰り返し文と二次元配列の使い方がよくわかりました。

解答：15

Step2 演習問題を解いて知識を定着させよう

(解答解説：p.193)

演習問題1

次のプログラムを実行した場合の実行結果（表示内容）を答えなさい。

```
(1) Data = [[1,2,3],[4,5,6],[7,8,9]]
(2) goukei = 0
(3) kazu = 0
(4) iを2から0まで1ずつ減らしながら繰り返す:
(5)  | goukei = goukei + Data[i][kazu]
(6)  L kazu = kazu + 1
(7) 表示する(goukei)
```

演習問題2

次のプログラムを実行した場合の実行結果（表示内容）を答えなさい。

```
(1) Data1 = [[1,2,3],[4,5,6],[7,8,9]]
(2) Data2 = [[9,8,7],[6,5,4],[3,2,1]]
(3) goukei = 0
(4) iを0から2まで1ずつ増やしながら繰り返す:
(5)  L goukei = goukei + Data1[i][i] + Data2[i][i]
(6) 表示する(goukei)
```

演習問題3

実行結果（表示内容）が「45」と表示されるように　ア　　にあてはまるものを解答群から選びなさい。

```
(1) Data = [[9,8,7],[6,5,4],[3,2,1]]
(2) kazu = 1
(3) iを0から2まで1ずつ増やしながら繰り返す:
(4)  L kazu = [ ア ]
(5) 表示する(kazu)
```

 解答群 ❶ kazu + Data[i][i]　　❷ kazu * Data[i][i]　　❸ kazu - Data[i][i]

ユーザ定義関数の繰り返し呼び出し（繰り返し文とユーザ定義関数）

Chapter2
2-5

キーワード ユーザ定義関数、繰り返し文

Step1 例題を解いてみよう

例題

関数keisanを定義し、プログラム本体から関数keisanを呼び出すプログラムを作成した。

プログラム本体を実行した場合の実行結果（表示内容）を答えなさい。

【関数の定義】

```
(1) keisan(atai):
(2)  | kekka = atai * 2
(3)  L kekkaを返す
```

【プログラム本体（関数を呼び出す側）】

```
(1) goukei = 0
(2) iを1から3まで1ずつ増やしながら繰り返す:
(3)  L goukei = goukei + keisan(i)
(4) 表示する(goukei)
```

▶ 解答への思考プロセス

 動画をチェック

 今回の問題には「関数の定義」と「プログラム本体（関数を呼び出す側）」の2つが出てきていますよね。「関数の定義」と「プログラム本体」ってどういう関係にあるのでしたっけ？

 この問題で出てきている関数はユーザが独自に関数の処理の中身を定義できるユーザ定義関数（p.57参照）です。関数keisanは、呼び出し元であるプログラム本体から渡された引数を2倍にしてその結果を戻り値として呼び出し元に返す関数です。たとえば、引数に2を渡した場合は次のようなイメージになります。

プログラム本体の(2)行目は「iを1から3まで1ずつ増やしながら繰り返す:」とあることから変数iの値が1→2→3とカウントアップされながら(3)行目の処理を3回繰り返すことになります。

呼び出す順で処理を追っていきましょう。

■ 繰り返し1周目（i = 1）

【プログラム本体（関数を呼び出す側）】

```
(1) goukei = 0 ················································ ①変数goukeiに0を代入
(2) iを1から3まで1ずつ増やしながら繰り返す: … ②変数iに1を代入
(3)  L goukei = goukei + keisan(i) ····· ③keisan(i)の引数iは1として関数keisan
                                          を呼び出す
                                          →【関数の定義】へ
                                          ⑦戻り値として2が返される
                                          ⑧0(変数goukeiの値) と 2(keisan(i)の戻
                                          り値) を加算し結果の2を変数goukeiに代入
(4) 表示する(goukei) ····························· ※実行されない
```

【関数の定義】

```
(1) keisan(atai): ··································· ④変数ataiに受け渡された1を代入
(2) | kekka = atai * 2 ························· ⑤1×2の結果の2を変数kekkaに代入
(3)  L kekkaを返す ································· ⑥変数kekkaの値である2を返却
```

うわ〜、2つのプログラムを行ったり来たりして、流れを追うのが大変ですね。

そうですね。はじめは大変かもしれませんが徐々に慣れていきましょう。今までの問題では関数は1回だけ呼び出しましたが、今回は何度も同じ関数を呼び出します。何度も繰り返される処理を切り出して定義することで、プログラムがくどくなることを防ぐことができます。

■ 繰り返し2周目（i = 2）

【プログラム本体（関数を呼び出す側）】

```
(1) goukei = 0 ·············································· ※実行されない
(2) iを1から3まで1ずつ増やしながら繰り返す: ······· ①変数iに2を代入
(3)  L goukei = goukei + keisan(i) ····· ②keisan(i)の引数iは2として関数keisan
                                          を呼び出す
```

             →【関数の定義】へ
             ⑥戻り値として4が返される
             ⑦2(変数goukeiの値) と 4(keisan(i)の戻
             り値)を加算し結果の6を変数goukeiに代入

(4) 表示する(goukei) ⋯⋯⋯⋯⋯⋯⋯⋯ ※実行されない

【関数の定義】

(1) **keisan(atai):**⋯⋯⋯⋯⋯⋯⋯⋯ ③変数ataiに受け渡された2を代入
(2) | **kekka = atai * 2** ⋯⋯⋯⋯⋯ ④2x2の結果の4を変数kekkaに代入
(3) ∟ **kekka**を返す ⋯⋯⋯⋯⋯⋯⋯ ⑤変数kekkaの値である4を返却

■ 繰り返し3周目 (i = 3)

【プログラム本体(関数を呼び出す側)】

(1) **goukei = 0** ⋯⋯⋯⋯⋯⋯⋯⋯⋯⋯⋯⋯⋯⋯⋯⋯ ※実行されない
(2) **i**を**1**から**3**まで**1**ずつ増やしながら繰り返す:⋯⋯⋯ ①変数iに3を代入
(3) ∟ **goukei = goukei + keisan(i)** ⋯⋯ ②keisan(i)の引数iは3として関数keisan
             を呼び出す
             →【関数の定義】へ
             ⑥戻り値として6が返される
             ⑦6(変数goukeiの値) と 6(keisan(i)の戻り
             値)を加算し結果の12を変数goukeiに代入
(4) 表示する(goukei) ⋯⋯⋯⋯⋯⋯⋯⋯ ⑧変数goukeiの値の12を表示

【関数の定義】

(1) **keisan(atai):**⋯⋯⋯⋯⋯⋯⋯⋯ ③変数ataiに受け渡された3を代入
(2) | **kekka = atai * 2** ⋯⋯⋯⋯⋯ ④3x2の結果の6を変数kekkaに代入
(3) ∟ **kekka**を返す ⋯⋯⋯⋯⋯⋯⋯ ⑤変数kekkaの値である6を返却

繰り返し処理毎の変数の値は次のようになります。

繰り返し	i	goukei (開始時)	keisan(i) の 戻り値	goukei + keisan(i)	goukei (終了時)
1周目	1	0	2	0 + 2 = 2	2
2周目	2	2	4	2 + 4 = 6	6
3周目	3	6	6	6 + 6 = 12	12

最後に(4)行目で繰り返し3周目での変数**goukei**の値である12が表示されます。
よって、この問題の正答は12となります。

解答:12

Step2 演習問題を解いて知識を定着させよう

(解答解説：p.195)

▶ 演習問題1

関数 keisan を定義し、プログラム本体から関数 keisan を呼び出すプログラムを作成した。

プログラム本体を実行した場合の実行結果（表示内容）を答えなさい。

【関数の定義】

```
(1) keisan(atai):
(2)  | kekka = atai ** 2
(3)  L kekkaを返す
```

【プログラム本体（関数を呼び出す側）】

```
(1) kazu = 1
(2) iを3から1まで1ずつ減らしながら繰り返す:
(3)  L kazu = kazu + keisan(i)
(4) 表示する(kazu)
```

▶ 演習問題2

関数 keisan を定義し、プログラム本体から関数 keisan を呼び出すプログラムを作成した。

プログラム本体を実行した場合の実行結果（表示内容）を答えなさい。

【関数の定義】

```
(1) keisan(atai1,atai2):
(2)  | kekka = atai1 * atai2
(3)  L kekkaを返す
```

【プログラム本体（関数を呼び出す側）】

```
(1) kazu = 1
(2) iを1から3まで1ずつ増やしながら繰り返す:
(3)  L kazu = keisan(i,kazu)
(4) 表示する(kazu)
```

複数配列の操作
（条件分岐、繰り返し、関数、配列）

キーワード 条件分岐文、繰り返し文、関数、一次元配列、要素数

Step1 例題を解いてみよう

例題

　配列**Tensuu**の要素の値が60以上ならば、配列**Kekka**の同じ添字の要素に「合格」、そうでなければ「不合格」と格納するプログラムを作成した。

　プログラム内で使われている関数**length**の説明は次の通りである。

関数	関数の説明	使用例
length (配列名)	引数に指定した配列の要素の数を返す関数	要素数が6個の配列Dataがある場合、「atai = length(Data)」とした場合、6が変数ataiに代入される。

　　　ア ・ **イ** に入るものをそれぞれ解答群から選び番号で答えなさい。

```
(1) Tensuu = [60,30,70,90]
(2) Kekka = ["未","未","未","未"]
(3) iを0から   ア   まで1ずつ増やしながら繰り返す:
(4) ｜ もし Tensuu[i] >= 60 ならば:
(5) ｜ ｜  イ   = "合格"
(6) ｜ そうでなければ:
(7) L L  イ   = "不合格"
(8) 表示する(Kekka)
```

実行結果 [合格,不合格,合格,合格]

解答群 ❶ length(Tensuu) ❷ length(Tensuu) + 1 ❸ length(Tensuu) - 1
❹ Tensuu[i] ❺ Kekka[i]

▶ 解答への思考プロセス

 動画をチェック

 (1)行目の配列 **Tensuu** は数字を格納しているというのがわかります が、(2)行目の「**Kekka = ["未","未","未","未"]**」はどういう意味でしょうか？

 これは要素数が4個の配列を用意しています。一旦、「未」の文字を入れておいて、後から判定結果によって「合格」か「不合格」を格納します。
配列 **Tensuu** と配列 **Kekka** の添字は対応しているので、最終的には次のような形となります。

配列 **Tensuu**

添字	0	1	2	3
要素	60	30	70	90

配列 **Kekka**

添字	0	1	2	3
要素	合格	不合格	合格	合格

 イメージがつかめました。次の(3)行目の ┌ ア ┐ の部分は繰り返しの終了条件ですね。

 はい、変数 i の値をどこまで増やすかが問われています。(4)行目をみると、「**Tensuu[i] >= 60**」とあることから、配列 **Tensuu** の添字として使われていることがわかります。つまり、配列 **Tensuu** の添字の最大値である3まで繰り返すということになります。

 でも、解答群の中に「3」の選択肢はありませんね…。

 関数 **length** を用いているのでその役割を確認すると「引数に指定した配列の要素の数を返す関数」とあります。
次のように、関数 **length** の引数に配列 **Tensuu** を渡すと、配列の要素数の4が返却されます。

返された値は、添字の最大値の3より1大きいので添字の最大値に合わせるためには、関数の戻り値から1を引く必要があります。よって、 ┌ ア ┐ の正答は③の「length(Tensuu) - 1」となります。

 なるほど。要素数と添字の最大値が異なることに注意する必要があるのですね。次の(5)行目は、(4)行目の判定が60以上なら「合格」を代入する処理ですね。

その通りです。はじめに説明したように配列 **Tensuu** と配列 **Kekka** の添字は対応しています。今の判定対象の点数は **Tensuu[i]** に格納されているので、対応する配列 **Kekka** の要素は **Kekka[i]** となります。よって、 | イ | の正答は⑤の「**Kekka[i]**」となります。

繰り返し処理毎の変数の値は次のようになります。

繰り返し	i	Tensuu[i]	Tensuu[i] >= 60	処理
1周目	0	60	真 (True)	(5) 行目で **Kekka[0]** に「合格」を代入
2周目	1	30	偽 (False)	(7) 行目で **Kekka[1]** に「不合格」を代入
3周目	2	70	真 (True)	(5) 行目で **Kekka[2]** に「合格」を代入
4周目	3	90	真 (True)	(5) 行目で **Kekka[3]** に「合格」を代入

繰り返しを抜けた (8) 行目で、更新後の配列 **Kekka** の各要素の値が表示されます。ここでは、[合格, 不合格, 合格, 合格] という結果となります。

解答： | ア | ③　　　| イ | ⑤

Step2 演習問題を解いて知識を定着させよう

（解答解説：p.196）

▶ 演習問題1

次のプログラムを実行した場合の実行結果（表示内容）を答えなさい。

プログラム内で使われている関数 **length** の説明は次の通りである。

関数	関数の説明
length（配列名）	引数に指定した配列の要素の数を返す関数

```
(1) Tensuu = [50,40,60,90]
(2) Kekka = ["未","未","未","未"]
(3) iを0から length(Tensuu) - 1まで1ずつ増やしながら繰り返す:
(4) | もし Tensuu[i] >= 90 ならば:
(5) | | Kekka[i] = "A"
(6) | そうでなくもし Tensuu[i] > 40  ならば:
(7) | | Kekka[i] = "B"
(8) | そうでなければ:
(9) L L Kekka[i] = "C"
(10) 表示する(Kekka)
```

▶ 演習問題2

次のプログラムを実行した場合の実行結果（表示内容）を答えなさい。

プログラム内で使われている関数 **length** の説明は次の通りである。

関数	関数の説明
length（配列名）	引数に指定した配列の要素の数を返す関数

```
(1) Tensuu = [10,5,1,6]
(2) Kekka = ["○","○","○","○"]
(3) iを0から length(Tensuu) - 1まで1ずつ増やしながら繰り返す:
(4) | もし Tensuu[i] == 10 ならば:
(5) | L Kekka[i] = "★"
(6) | もし Tensuu[i] < 5 ならば:
(7) L L Kekka[i] = "●"
(8) 表示する(Kekka)
```

配列内の値の交換処理
（条件分岐、繰り返し、関数、配列）

キーワード 値の交換、条件分岐文、繰り返し文、関数、配列、要素数

Step1 例題を解いてみよう

例題

　配列の先頭から順に隣り合う要素の値と交換を行い、最終的に先頭の値が最後尾に来るプログラムを作成した。

　プログラム内で使われている関数 length の説明は次の通りである。

関数	関数の説明
length（配列名）	引数に指定した配列の要素の数を返す関数

　　 ア 　～　 ウ 　に入るものをそれぞれ解答群から選び番号で答えなさい。

```
(1) Data = ["山田","佐藤","山下","鈴木"]
(2) iを0からlength(Data) - 2まで1ずつ増やしながら繰り返す:
(3) | temp =    ア
(4) | Data[i] =   イ
(5) └ Data[i + 1] =   ウ
(6) 表示する(Data)
```

実行結果 [佐藤,山下,鈴木,山田]

解答群 　❶ Data[i]　　❷ Data[i + 1]　　❸ temp

▶ 解答への思考プロセス

✅ 動画をチェック

 繰り返し文の中に「**temp**」という変数が急に出てきていますね。(3)〜(5)行目の処理で何をやっているのかが、よくわかりません…。

 これは、配列の要素の値の交換をする処理をしています。イメージをつかむために2つの要素だけで説明していきます。

添字	0	1
要素	山田	佐藤

たとえば、2つのコップの中身を入れ替える場合、同時に入れ替えることはできないです。そのため、どちらかを一度空のコップに移し替える必要がありますよね。

プログラムでも同じ考え方をします。ここでは変数tempが空のコップの役割を果たす一時退避領域です(なお、**temp**は「一時的な」を表す英単語「temporary」の略語として使われることが多いです)。

① 「山田」を変数tempに退避(コピー)する。

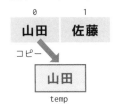

② 「山田」の場所(添字0)に「佐藤」を上書き

③ 添字1の「佐藤」の場所に退避した「山田」を上書き

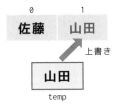

 なるほど。一時退避領域の変数を使うと交換ができるのがイメージできました。

 それでは試しに、添字0と添字1の要素の値の交換処理をプログラムに置き換えてみましょう。

```
(1) Data = ["山田","佐藤"] ········ 配列Dataの初期化処理
(2) temp = Data[0] ················· 変数tempにData[0]の「山田」を代入
(3) Data[0] = Data[1] ············· 添字0の「山田」の場所に「佐藤」を上書き
(4) Data[1] = temp ················· 添字1の「佐藤」の場所に退避した「山田」を上書き
```

今はわかりやすいように添字に実際の値をあてはめましたが、今の処理を変数iに置き換えると次のようになります。

```
(1) Data = ["山田","佐藤"] ········ 配列Dataの初期化処理
(2) i = 0 ·························· 変数iに0を代入
(3) temp = Data[i] ················· 変数tempに「山田」を代入
(4) Data[i] = Data[i + 1] ········· 添字0の「山田」の場所に「佐藤」を上書き
(5) Data[i + 1] = temp ············· 添字1の「佐藤」の場所に退避した「山田」を上書き
```

今回のプログラムの処理も考え方は同じで、交換処理が先頭から順に行われるため、変数iの値が0から1ずつカウントアップされていきます。　ア　～　ウ　に解答をあてはめると次のようになります。

```
(1)  Data = ["山田","佐藤","山下","鈴木"]
(2)  iを0からlength(Data) - 2まで1ずつ増やしながら繰り返す:
(3)  | temp =    ア    Data[i]
(4)  | Data[i] =    イ    Data[i + 1]
(5)  L Data[i + 1] =    ウ    temp
(6)  表示する(Data)
```

繰り返しの処理毎の処理のイメージは次のようになります。

■ 繰り返し1周目 (i = 0)

■ 繰り返し2周目 (i = 1)

■ 繰り返し3周目 (i = 2)

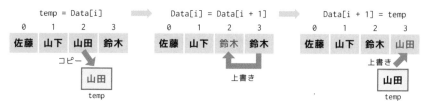

 となり同士の要素を順番に交換していった結果、先頭の「山田」が配列の一番最後まで移動したということですね！
交換の繰り返し処理について理解できました。

解答：　ア　①　　　イ　②　　　ウ　③

Step2 演習問題を解いて知識を定着させよう

（解答解説：p.198）

▶ 演習問題1

次のプログラムを作成した。

プログラム内で使われている関数 **length** の説明は次の通りである。

関数	関数の説明
length (配列名)	引数に指定した配列の要素の数を返す関数

```
(1) Data = [1,2,3,4]
(2) iを0からlength(Data) - 2まで1ずつ増やしながら繰り返す:
(3) | temp = Data[i]
(4) | Data[i] = Data[i + 1]
(5) L Data[i + 1] = temp
(6) 表示する(Data)
```

繰り返し処理毎に(5)行目時点の配列 Data および変数 temp の値は次のように
なった。

ア ～ **オ** にあてはまる値を答えなさい。

繰り返し	i	Data	temp
開始時	未定義	1,2,3,4	未定義
1周目	0	ア	1
2周目	1	イ	ウ
3周目	2	エ	オ

▶ 演習問題2

次のプログラムを実行した場合の実行結果（表示内容）を答えなさい。

プログラム内で使われている関数 **length** の説明は次の通りである。

関数	関数の説明
length (配列名)	引数に指定した配列の要素の数を返す関数

```
(1) Data = [1,2,3,4]
(2) iをlength(Data) -2から0まで1ずつ減らしながら繰り返す:
(3) | temp = Data[i]
(4) | Data[i] = Data[i + 1]
(5) L Data[i + 1] = temp
(6) 表示する(Data)
```

Chapter2
2-8

入れ子式繰り返し処理

キーワード 繰り返し文、親ループ、子ループ、文字列

Step1 例題を解いてみよう

例題

次のプログラムを実行した場合の実行結果（表示内容）を答えなさい。

```
(1) data = ""  ……………… #空文字を用意する
(2) iを0から1まで1ずつ増やしながら繰り返す:
(3)  | data = data + "○"
(4)  | jを0から2まで1ずつ増やしながら繰り返す:
(5)  L L data = data + "●"
(6) 表示する(data)
```

▶ 解答への思考プロセス

 動画をチェック

 今回は(2)行目の繰り返し処理の中にさらに(4)行目の繰り返し処理がありますね…。どのように処理を追えばよいのでしょうか？

 順番に処理を追っていきましょう。

(2)行目の「iを0から1まで1ずつ増やしながら繰り返す:」なので(3)～(5)行目の処理が2回繰り返されます。その中にある(4)行目の「jを0から2まで1ずつ増やしながら繰り返す:」は(5)行目の処理が3回繰り返されます。

繰り返し処理の中に繰り返し処理がある制御構造を二重ループや入れ子式と呼んだりもします。また、外側の繰り返し処理を親ループ、内側の繰り返し処理を子ループとよぶこともあります。

```
iを0から1まで1ずつ増やしながら繰り返す:
 | data = data + "○"
 | jを0から2まで1ずつ増やしながら繰り返す:
 L L data = data + "●"
```
子ループ
親ループ

今回の問題の場合は、親ループが1回繰り返されるたびに子ループの処理は3回行われるということです。

実際に繰り返しの処理の部分 ((2)行目から(5)行目) を追っていきましょう。

■ 親ループ1周目 (i = 0)
■■ 子ループ1周目 (j = 0)

```
(2)  iを0から1まで1ずつ増やしながら繰り返す：       iに0を代入
(3)  │ data = data + "○"                            変数dataの初期値は空文字なの
                                                    で更新後は「○」となる。
(4)  │ jを0から2まで1ずつ増やしながら繰り返す：    jに0を代入
(5)  └ └ data = data + "●"                「○」と「●」を結合→「○●」
```

■■ 子ループ2周目 (j = 1)

```
(2)  iを0から1まで1ずつ増やしながら繰り返す：       ※子ループのみ実行
(3)  │ data = data + "○"                              ※子ループのみ実行
(4)  │ jを0から2まで1ずつ増やしながら繰り返す：    jに1を代入
(5)  └ └ data = data + "●"         「○●」と「●」を結合→「○●●」
```

■■ 子ループ3周目 (j = 2)

```
(2)  iを0から1まで1ずつ増やしながら繰り返す：       ※子ループのみ実行
(3)  │ data = data + "○"                              ※子ループのみ実行
(4)  │ jを0から2まで1ずつ増やしながら繰り返す：  jに2を代入
(5)  └ └ data = data + "●"       「○●●」と「●」を結合→「○●●●」
```

jが2に達したので、子ループ終了後(2)行目の親ループに戻ります。

実際に値をあてはめて処理を追ってみると、親ループが1回繰り返される間に子ループが3回行われるのがよくわかりますね。

■ 親ループ2周目 (i = 1)
■■ 子ループ1周目 (j = 0)

```
(2)  iを0から1まで1ずつ増やしながら繰り返す：               iに1を代入
(3)  │ data = data + "○"                          「○●●●」と「○」を結合
                                                  →「○●●●○」
(4)  │ jを0から2まで1ずつ増やしながら繰り返す：          jに0を代入
(5)  └ └ data = data + "●"                  「○●●●○」と「●」を結合
                                                  →「○●●●○●」
```

■■子ループ2周目 (j = 1)

```
(2)  iを0から1まで1ずつ増やしながら繰り返す：      ……… ※子ループのみ実行
(3)  | data = data + "○"                          ……… ※子ループのみ実行
(4)  | jを0から2まで1ずつ増やしながら繰り返す：     ……… jに1を代入
(5)  L L data = data + "●"        「○●●●○●」と「●」を結合
                                  →「○●●●○●●」
```

■■子ループ3周目 (j = 2)

```
(2)  iを0から1まで1ずつ増やしながら繰り返す：      ……… ※子ループのみ実行
(3)  | data = data + "○"                          ……… ※子ループのみ実行
(4)  | jを0から2まで1ずつ増やしながら繰り返す：     ……… jに2を代入
(5)  L L data = data + "●"        「○●●●○●●」と「●」を結合
                                  →「○●●●○●●●」
```

子ループも親ループも終了条件に達したので(6)行目の表示処理で変数dataの値の「○●●●○●●●」が表示されます。

 ところで今回の問題は(1)行目で「data = ""」とありますね。これは後から文字を入れるための変数を用意しているということでしょうか？

 その通りです！　共通テストではプログラムの始めに空の変数や配列を用意しておき、後から値を入れていくということはよくあります。空の変数が出てきた時はどのような値が追加されているのか注目すると、問題が解きやすくなりますよ！

 わかりました！　今度から意識するようにしてみます！

解答：○●●●○●●●

Step2 演習問題を解いて知識を定着させよう

（解答解説：p.200）

▶ 演習問題1

次のプログラムを実行した場合の実行結果（表示内容）を答えなさい。

```
(1) data = ""
(2) iを1から3まで1ずつ増やしながら繰り返す:
(3) | data = data + "A"
(4) | jを0から1まで1ずつ増やしながら繰り返す:
(5) └ └ data = data + "B"
(6) 表示する(data)
```

▶ 演習問題2

次のプログラムを実行した場合の実行結果（表示内容）を答えなさい。

```
(1) atai = 0
(2) iを1から2まで1ずつ増やしながら繰り返す:
(3) | atai = atai + i
(4) | jを1から2まで1ずつ増やしながら繰り返す:
(5) └ └ atai = atai * j
(6) 表示する(atai)
```

▶ 演習問題3

次のプログラムを実行した場合の実行結果（表示内容）が「○●●○●●」となった。 ア ・ イ にあてはまる数字を答えなさい。

```
(1) data = ""
(2) iを1から ア まで1ずつ増やしながら繰り返す:
(3) | data = data + "○"
(4) | jを0から イ まで1ずつ増やしながら繰り返す:
(5) └ └ data = data + "●"
(6) 表示する(data)
```

外部からの入力の繰り返し

キーワード 配列、外部からの入力、繰り返し文

Step1 例題を解いてみよう

例題

以下の内容のくじ引きを行うプログラムを作成する。

【プログラムの内容】
- くじ引きは全部で3回繰り返す。
- 1〜5までのいずれかの数字を入力する。
- くじの内容は配列 **Data** に格納する。

はずれ	1等	2等	3等	3等

- 入力された数字と配列の順番は対応しており、例えば「2」が入力された場合は2番目の値を取得し「結果：1等」と表示される。

<u> ア </u> ・ <u> イ </u> に当てはまるものを解答群からそれぞれ選び番号で答えなさい。

```
(1) Data = ["はずれ","1等","2等","3等","3等"]
(2) count = 1
(3) count │ ア │ 3の間繰り返す：
(4) │ 表示する(count,"回目")
(5) │ 表示する("1〜5までの数字を1つ入力してください。")
(6) │ kuji = 【外部からの入力】
(7) │ 表示する("結果：", │ イ │ )
(8) L count = count + 1
```

解答群 ❶ == ❷ != ❸ < ❹ > ❺ <= ❻ >=
❼ Data[count] ❽ Data[kuji] ❾ Data[kuji - 1]

▶ 解答への思考プロセス

 動画をチェック

 くじ引きのプログラムですね。(3)行目は繰り返し条件だから、解答群の中では①〜⑥の比較演算子が候補となりそうな気がします。

 その通りです。 ア の部分に解答群にある比較演算子をあてはめると次のような意味になります。

	比較演算子	判定式	意味
①	==	count == 3	変数countの値が3ならば真
②	!=	count != 3	変数countの値が3でなければ真
③	<	count < 3	変数countの値が3より小さければ真
④	>	count > 3	変数countの値が3より大きければ真
⑤	<=	count <= 3	変数countの値が3以下ならば真
⑥	>=	count >= 3	変数countの値が3以上ならば真

問題文より「くじ引きは全部で3回繰り返す」とあるので繰り返し処理は3回行われます。つまり3回目が終了したら繰り返し処理を抜ける必要があります。変数countの初期値は1で(8)行目の「count = count + 1」でカウントアップしています。各繰り返し開始時と終了時の変数countの値は次のようになります。

繰り返し	count（開始時）	count（終了時）
1周目	1	2
2周目	2	3
3周目	3	4
4周目	4	5

このように繰り返し処理毎に変数countの値が1→2→3…とカウントアップされていくことがわかります。4回目は行わないので変数countが4になった時に繰り返しの継続条件の判定が「偽」になる必要があります。

1〜3のときは繰り返しを継続するために「真」となり、4になったら「偽」となるものは⑤の「<=」となります。

 (6)行目の【外部からの入力】ってなんでしたっけ？

ユーザが実際に値を入力できる処理です。

 「kuji =【外部からの入力】」とした場合、ユーザが「3」をキーボードなどから入力すると、変数kujiにその値が代入されます。その後の(7)行目の処理の イ は問題本文の「入力された数字と配列の順番は対応しており、例えば「2」が入力された場合は2番目の値を取得し「結果：1等」と表示される」の部分が対応しています。くじの内容は配列Dataに格納されていて、添字との対応関係は次のようになります。

添字	0	1	2	3	4
要素	はずれ	1等	2等	3等	3等

入力された値が「2」の場合は、添字1の「1等」を表示する必要があります。しかし、Data[2]と入力値をそのまま添字とした場合、添字2の「2等」が表示されてしまい

ます。

入力された値は1始まり、対応する添字は0始まりなので整合性を取るには入力された値から1を引いてあげる必要があります。

つまり、　イ　の正答は⑨の「Data[kuji - 1]」となります。

なんとなく理解できましたが、実際に変数に値をあてはめてどのように動くか知りたいです。

了解しました！　変数に値をあてはめて処理を追っていきましょう。ここでは、ユーザが3→1→4の順で値を入力したとします。

■ 繰り返し1周目（count＝1）、ユーザ入力値：3

```
(1)  Data = ["はずれ","1等","2等","3等","3等"] … 配列Dataの初期化処理
(2)  count = 1                                      変数countに1を代入
(3)  count <= 3の間繰り返す：                          1は3以下なので「真」となり
                                                    (4)～(8)行目の処理が行われる
(4)  | 表示する(count,"回目")                          「1回目」と表示
(5)  | 表示する("1～5までの数字を1つ入力してください。")
                        「1～5までの数字を1つ入力してください。」と表示
(6)  | kuji = 【外部からの入力】            ユーザが「3」を入力→変数kujiに代入
(7)  | 表示する("結果：",Data[kuji - 1]) …… Data[3 - 1]→Data[2]は「2等」
                                          「結果：2等」と表示
(8)  L count = count + 1               変数countの値を2にカウントアップ
```

■ 繰り返し2周目（count＝2）、ユーザ入力値：1

```
(1)  Data = ["はずれ","1等","2等","3等","3等"]                ※実行されない
(2)  count = 1                                             ※実行されない
(3)  count <= 3の間繰り返す：                        2 は3以下なので「真」となり(4)
                                                   ～(8)行目の処理が行われる
(4)  | 表示する(count,"回目")                        「2 回目」と表示
(5)  | 表示する("1～5までの数字を1つ入力してください。")
                        「1～5までの数字を1つ入力してください。」と表示
(6)  | kuji = 【外部からの入力】            ユーザが「1」を入力→変数kujiに代入
(7)  | 表示する("結果：",Data[kuji - 1])
                                Data[1 - 1]→Data[0]は「はずれ」
                                「結果：はずれ」と表示
(8)  L count = count + 1               変数countの値を3にカウントアップ
```

■ 繰り返し3周目（count = 3）、ユーザ入力値：4

```
(1) Data = ["はずれ","1等","2等","3等","3等"] ············ ※実行されない
(2) count = 1 ······································· ※実行されない
(3) count <= 3の間繰り返す： ············ 3 は3以下なので「真」となり(4)
                                     ～(8)行目の処理が行われる
(4)  | 表示する(count,"回目") ··············「3 回目」と表示
(5)  | 表示する("1～5までの数字を1つ入力してください。")
                        ········「1～5までの数字を1つ入力してください。」と表示
(6)  | kuji = 【外部からの入力】 ········ ユーザが「4」を入力→変数kujiに代入
(7)  | 表示する("結果：",Data[kuji - 1]) ······ Data[4 - 1]→Data[3]は「3等」
                                     「結果：3等」と表示
(8)  L count = count + 1 ················· 変数countの値を4にカウントアップ
```

3周目の後、(3)行目の判定に戻り変数**count**の値は4なので「4 <= 3」は「偽」となり、繰り返しの処理を抜け処理を終了します。

 処理の流れもよく理解できました！

解答： | ア | ⑤　 | イ | ⑨

▶ 演習問題1

次のプログラムを作成した。

```
(1) Data = ["A","B","C","D","E"]
(2) count = 1
(3) count < 4の間繰り返す:
(4) | 表示する(count,"回目")
(5) | 表示する("1～5までの数字を1つ入力してください。")
(6) | kuji = 【外部からの入力】
(7) | 表示する(Data[kuji - 1])
(8) L count = count + 1
```

繰り返し処理毎に　ア　～　ウ　にあてはまる出力結果を答えなさい。

繰り返し	(6)行目のユーザ入力値	(7)行目の表示内容
1周目	3	ア
2周目	1	イ
3周目	2	ウ

▶ 演習問題2

次のプログラムを実行した場合、(9)行目で表示される実行結果（表示内容）を答えなさい。なお、ユーザの入力値は2→3→4の順で入力したものとする。

```
(1) kazu = 1
(2) iを1から3まで1ずつ増やしながら繰り返す:
(3) | 表示する("数字を1つ入力してください。")
(4) | gaibu = 【外部からの入力】
(5) | もし gaibu % 2 == 0ならば:
(6) | | kazu = gaibu + kazu
(7) | そうでなければ:
(8) L L kazu = gaibu * kazu
(9) 表示する(kazu)
```

実践的な
長文問題に挑戦！

Chapter3
3-1 タクシー運賃を計算してみよう

キーワード 外部からの入力、条件分岐文

目標解答時間：10分

問題

タクシー運賃計算プログラムについて次の問い（問1〜問2）に答えなさい。

▶ 問1

次の　ア　にあてはまる数字を答えなさい。また、プログラム中の　イ　・
ウ　に当てはまるものを解答群から選び番号で答えなさい。

タクシーの運賃は初乗り料金、乗車距離、乗車時間によって変わってくる。

まず、乗車時間は考慮せず、初乗り料金と乗車距離によって運賃がどのようになるかのプログラムを作成することにした。

【プログラムの内容】

・初乗り料金は2kmまで500円とする（入力値が「1」や「2」の場合は500円となる）
・それ以降1kmごとに300円を加算する
・乗車距離はユーザがkm単位で整数値を入力し、km以下は切り捨てとする（たとえば、「2.1」や「2.9」と入力されても2kmとして扱う）
・「○○kmの場合の運賃は○○○円です。」と出力する

たとえば、乗車5kmの場合の運賃は　ア　円となる。

```
(1) hatsunori = 500 #初乗り料金(2kmまで)
(2) kakin = 300 #2kmを超えた場合の1kmごとの料金
(3) unchin = 0 #運賃を格納する変数
(4) 表示する("乗車距離(km)を整数値で入力してください。")
(5) kyori = 【外部からの入力】
(6) もし kyori  イ  2 ならば:
(7) | unchin =  ウ
```

```
(8) そうでなければ:
(9)  L unchin = hatsunori
(10) 表示する(kyori,"kmの場合の運賃は",unchin,"円です。")
```

図1　タクシーの距離による運賃計算プログラム

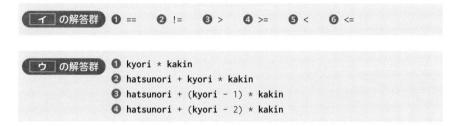

イ の解答群 ❶ == ❷ != ❸ > ❹ >= ❺ < ❻ <=

ウ の解答群 ❶ kyori * kakin
❷ hatsunori + kyori * kakin
❸ hatsunori + (kyori - 1) * kakin
❹ hatsunori + (kyori - 2) * kakin

▶ 問2

プログラム中の　エ　に当てはまるものを解答群から選び番号で答えなさい。

　問1のプログラムを拡張して、乗車時間も入力できるようにした。乗車時間が10分ごとに200円を運賃に上乗せするようにする。たとえば、5分の場合は0円であるが、10分の場合は200円、25分の場合は400円となる。

```
(1) hatsunori = 500 #初乗り料金(2kmまで)
(2) kakin = 300 #2kmを超えた場合の1kmごとの料金
(3) jikan_kakin = 200 # 10分ごとの料金
(4) unchin = 0 #運賃を格納する変数
(5) 表示する("乗車距離(km)を整数値で入力してください。")
(6) kyori = 【外部からの入力】
(7) もし kyori イ 2ならば:
(8) | unchin = ウ
(9) そうでなければ:
(10)  L unchin = hatsunori
(11) 表示する("乗車時間(分)を整数値で入力してください。")
(12) jousha_jikan = 【外部からの入力】
(13) unchin = エ
(14) 表示する(kyori,"km　乗車時間",jousha_jikan,"分の場合の運賃は",unchin,"
     円です。")
```

図2　乗車時間を加味した運賃計算プログラム

※　イ　・　ウ　については問1と同じである。

の解答群
1. unchin + jousha_jikan * jikan_kakin
2. unchin + jousha_jikan ÷ 10 * jikan_kakin
3. unchin + jousha_jikan * 10 ÷ jikan_kakin
4. jousha_jikan ÷ 10 * jikan_kakin

▶ 解答への思考プロセス

問1

ア

 それでは　ア　から解説していきます。これは、乗車距離が5kmの場合の運賃を計算する問題です。

問題の条件の「初乗り料金は2kmまで500円とする（入力値が「1」や「2」の場合は500円となる）」「それ以降1kmごとに300円を加算する」の内容をもとに計算します。

- ～2km　500円
- ～3km　距離による課金300円と初乗り料金500円を合わせて800円
- ～4km　距離による課金600円と初乗り料金500円を合わせて1100円
- ～5km　距離による課金900円と初乗り料金500円を合わせて1400円

よって　ア　の正答は1400となります。

イ

 つぎは、(6)行目の比較演算子を答える問題です。条件分岐文の知識を使って解いていきましょう。

 先程の　ア　は比較的楽に解けたのですが、プログラムにすると難しく感じますね。解くコツはありますか？

 判定結果によって、どの処理が行われるかに注目しましょう。判定結果が偽の場合は、(9)行目の「unchin = hatsunori」が実行されます。これは、初乗り料金をそのまま運賃としていますので2kmまでの処理ということがわかります。つまり、真の場合に実行される(7)行目の処理は2kmを超えた場合の処理ということになります。

よって、　イ　の正答は「変数kyoriの値が2より大きければ」真となる③の「>」となります。

解答群の比較演算子については次のような意味になります。

	演算子	条件式	説明
①	==	kyori == 2	kyoriの値が2ならば真
②	!=	kyori != 2	kyoriの値が2でなければ真
③	>	kyori > 2	kyoriの値が2より大きければ真
④	>=	kyori >= 2	kyoriの値が2以上ならば真
⑤	<	kyori < 2	kyoriの値が2未満なら真
⑥	<=	kyori <= 2	kyoriの値が2以下なら真

ウ

(7)行目は乗車距離が2kmを超えたときの運賃の計算処理です。たとえば、乗車距離が5kmの場合は初乗り区間は2kmで1kmごとの課金区間は5km-2kmを計算して3kmです。

初乗り料金＋（1kmごとの課金区間の距離×1kmごとの料金）という式となります。これを変数にあてはめると、　**ウ**　の正答は④の「hatsunori + (kyori - 2) * kakin」となります。

なるほど。問題文の中で、各変数の役割を正しく理解しておく必要がありますね。

その通りです。空欄部分を埋めたプログラムの説明は次の通りとなります。

```
(1)  hatsunori = 500 #初乗り料金(2kmまで) ·········· 変数hatsunoriに500を代入
(2)  kakin = 300 #1kmごとの料金 ·············· 変数kakinに300を代入
(3)  unchin = 0 #運賃を格納する変数 ··········· 変数unchinに0を代入
(4)  表示する("乗車距離(km)を整数値で入力してください。")
                        ·········「乗車距離(km)を整数値で入力してください。」と表示
(5)  kyori = 【外部からの入力】 ········· ユーザが入力した値を変数kyoriに代入
(6)  もし kyori > 2 ならば: ············ ユーザが入力した距離(変数kyoriの値)
                                       が2より大きいかの判定
(7)  | unchin = hatsunori + (kyori - 2) * kakin ······· 2kmを超えたときの処理。
                     初乗り料金＋距離による料金を計算し変数unchinに代入
(8)  そうでなければ: ··········· (6)行目の判定が偽ならば(9)行目の処理を実行
(9)  L unchin = hatsunori ········· 初乗り料金をそのまま変数unchinに代入
                     (2kmまでの処理)
(10) 表示する(kyori,"kmの場合の運賃は",unchin,"円です。")
                     ···········「〇〇kmの場合の運賃は〇〇〇円です。」と表示
```

図1　タクシーの距離による運賃計算プログラム（再掲）

問2

エ

乗車時間による運賃を計算し距離による運賃と加算する処理です。10分ごとの料金は(3)行目の「jikan_kakin = 200」で格納されています。5分の場合は0円、10分ごとなので、たとえば15分の場合は200円、20分の場合は400円となります。
ところで商の整数部分を求める演算子を覚えていますか？

はい！　共通テストプログラム表記では「÷」の演算子でしたよね。

その通りです。ここでは商の整数部分を求める「÷」の演算子を用います。たとえば、15分の場合は「15÷10 = 1　余り5」となり商の整数部分は1となります。25分の場合は「25÷10 = 2　余り5」なので商の整数部分は2となり、それに10分ごとの料金の200円を掛けると400（2×200）となります。

変数で表現すると時間による運値は「jousha_jikan ÷ 10 * jikan_kakin」で求めることができます。距離による運値は変数unchinに格納されているのでこれを加算すると「unchin + jousha_jikan ÷ 10 * jikan_kakin」と表現できます。

よって、 エ の正答は②の「unchin + jousha_jikan ÷ 10 * jikan_kakin」となります。

イ ～ エ の空欄に答えをあてはめたプログラムの各行の説明は次の通りです。

```
(1)  hatsunori = 500 #初乗り料金(2kmまで) ……  変数hatsunoriに500を代入
(2)  kakin = 300 #1kmごとの料金 ……………………  変数kakinに300を代入
(3)  jikan_kakin = 200 # 10分ごとの料金 ………  変数jikan_kakinに200を代入
(4)  unchin = 0 #運賃を格納する変数 ……………  変数unchinに0を代入
(5)  表示する("乗車距離(km)を整数値で入力してください。")
                       ………………「乗車距離(km)を整数値で入力してください。」と表示
(6)  kyori = 【外部からの入力】…………  ユーザが入力した値を変数kyoriに代入
(7)  もし kyori > 2 ならば: ……………………  ユーザが入力した距離(変数kyoriの値)
                                          が2より大きいかの判定
(8)   | unchin = hatsunori + (kyori - 2) * kakin ………  2kmを超えたときの処理。
                      初乗り料金＋距離による料金を計算し変数unchinに代入
(9)  そうでなければ: ……………………………(7)行目の判定が偽ならば(9)行目の処理を実行
(10)  L unchin = hatsunori ………  2kmまでは初乗り料金をそのまま変数unchinに代入
(11)  表示する(乗車時間(分)を整数値で入力してください。")
                       ………………「乗車時間(分)を整数値で入力してください。」と表示
(12)  jousha_jikan = 【外部からの入力】…………  ユーザが乗車時間(分)を入力
(13)  unchin = unchin + jousha_jikan ÷ 10 * jikan_kakin
            ………  距離による運賃と乗車時間による運賃を加算し変数unchinの値を更新
(14)  表示する(kyori,"km　乗車時間",jousha_jikan,"分の場合の運賃は",unchin,"円
      です。") ………「〇〇km　乗車時間〇〇分の場合の運賃は〇〇〇円です。」と表示
```

図2　乗車時間を加味した運賃計算プログラム（再掲）

解答：問1　ア　1400　　イ　③　　ウ　④　　問2　エ　②

>> 出る度 ★★★

数あてゲームを作成しよう

キーワード 組み込み関数、乱数、条件分岐文、繰り返し文、外部からの入力

目標解答時間：10分

問題

数あてゲームのプログラムについて次の問い（問1〜問2）に答えなさい。

▶ 問1

次のプログラム中の ┌ **ア** ┐ 〜 ┌ **ウ** ┐ に当てはまるものを解答群から選び番号で答えなさい。

コンピュータが生成した数字をあてるゲームのプログラムを作成する。プログラムの内容は次の通りである。

【プログラムの内容】

・コンピュータは1〜10までのランダムな数字を1つ生成する。
・ユーザは1〜10までの数字を1つ入力する。
・コンピュータの生成した数字が、ユーザが入力した数字と一致した場合「当たり！」と表示する。
・コンピュータの生成した数字が、ユーザが入力した数字よりも大きい場合「もっと大きな数です」と表示する。
・コンピュータの生成した数字が、ユーザが入力した数字よりも小さい場合「もっと小さな数です」と表示する。
・最後にコンピュータが生成した数字を表示する。

乱数の生成には次の関数を用いる。

【関数の説明】

関数	説明
random(n)	0以上n以下の整数をランダムに1つ返す関数

```
(1) ransuu =   ア    #コンピュータの生成した乱数
(2) 表示する("1～10までの数字のうち1つ入力してください:")
(3) user_kazu = 【外部からの入力】
(4) もし user_kazu   イ   ransuu ならば:
(5)  | 表示する("もっと大きな数です")
(6) そうでなくもし user_kazu   ウ   ransuu ならば:
(7)  | 表示する("もっと小さな数です")
(8) そうでなければ:
(9)  L 表示する("当たり！")
(10) 表示する("コンピュータの数字：",ransuu)
```

図1　数あてゲームプログラム

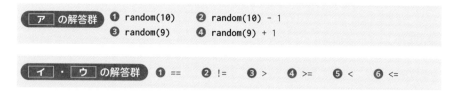

問2

次のプログラム中の   エ   ・   オ   に当てはまるものを解答群から選び番号で答えなさい。

問1のプログラムを拡張して、最大3回チャレンジできるようにして何回目で当たったかの回数を出すようにした。たとえば、2回目で当たった場合は「2回目で当たり！」と表示する。

```
(1) ransuu =   ア    #コンピュータの生成した乱数
(2) count = 0
(3) count   エ   3の間繰り返す:
(4)  | 表示する("1～10までの数字のうち1つ入力してください:")
(5)  | user_kazu = 【外部からの入力】
(6)  | もし user_kazu   イ   ransuu ならば:
(7)  |  | 表示する("もっと大きな数です")
(8)  | そうでなくもし user_kazu   ウ   ransuu ならば:
(9)  |  | 表示する("もっと小さな数です")
(10)  | そうでなければ:
(11)  |  |  表示する(   オ   ,"回目で当たり！")
(12)  |  L 繰り返しの処理を抜ける
(13)  L count = count +1
(14) 表示する("コンピュータの数字：",ransuu)
```

図2　最大3回チャレンジできるようにした数あてゲームプログラム
※   ア   ～   ウ   については問1と同じである。

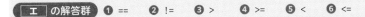

エ の解答群　❶ ==　❷ !=　❸ >　❹ >=　❺ <　❻ <=

オ の解答群　❶ count　❷ count − 1　❸ count + 1　❹ ransuu

▶ 解答への思考プロセス

問1

ア

それでは **ア** の部分を解説していきます。問題文のプログラムの内容の説明より「1〜10までのランダムな数字を1つ生成」できるものを選ぶ問題です。関数の説明より「random(n)」は0以上n以下の整数をランダムに1つ返す関数です。
各選択肢の処理から生成される乱数の範囲は次のようになります。

	処理	生成される範囲
①	random(10)	0〜10
②	random(10)−1	−1〜9
③	random(9)	0〜9
④	random(9)+1	1〜10

よって **ア** の正答は④の「random(9)+1」となります。

イ ・ **ウ**

適切な比較演算子を答える問題です。
各比較演算子の意味は次のようになります。

	演算子	条件式	説明
①	==	user_kazu == ransuu	user_kazuの値とransuuの値が同じならば真
②	!=	user_kazu != ransuu	user_kazuの値とransuuの値が異なれば真
③	>	user_kazu > ransuu	user_kazuの値がransuuの値より大きければ真
④	>=	user_kazu >= ransuu	user_kazuの値がransuuの値以上ならば真
⑤	<	user_kazu < ransuu	user_kazuの値がransuuの値より小さければ真
⑥	<=	user_kazu <= ransuu	user_kazuの値がransuuの値以下ならば真

うわ！　いままで「atai > 3」のように変数と実値との比較だったのに変数同士の比較になると難しく感じますね…。

はじめは難しく感じると思いますが、共通テストでは変数同士の比較が問われる可能性が高いので、この問題を通じて少しずつ慣れていきましょう。
(4)行目の「user_kazu **イ** ransuu」が真ならば(5)行目で「もっと大きな数です」と表示されます。プログラムの内容より「コンピュータの生成した数字が、ユー

ザが入力した数字よりも大きい場合」の部分が対応しています。言い換えると「ユーザが入力した数字の方がコンピュータが生成した数より小さい」となります。user_kazuはユーザが入力した値、ransuuはコンピュータの生成した数なので、比較演算子で表現すると「ユーザが入力した値<コンピュータの生成した値」となります。

よって、 ┃ イ ┃ の正答は⑤の「<」となります。

⑥の「<=」が間違いやすい選択肢ですがこれは「以下」なのでユーザが入力した数も含まれてしまいますので、間違いです。

なるほど、何と何を比較してその結果どうなるのかを問題文を読んでしっかり理解する必要があるんですね！

その通りです。次に、(6)行目の「user_kazu ┃ ウ ┃ ransuu」が真ならば(7)行目で「もっと小さな数です」と表示されます。プログラムの内容より「コンピュータの生成した数字が、ユーザが入力した数字よりも小さい場合」の部分が対応しています。言い換えると「ユーザが入力した数字の方がコンピュータが生成した数より大きい」となります。user_kazuはユーザが入力した値、ransuuはコンピュータの生成した数なので、比較演算子で表現すると「ユーザが入力した値>コンピュータの生成した値」となります。

よって、 ┃ ウ ┃ の正答は③の「>」となります。

空欄部分に答えをあてはめたプログラムの内容については次のようになります。

```
(1)  ransuu = random(9) + 1 #コンピュータの生成した乱数
                    1〜10までの数字のうち1つ生成しransuuに代入
(2)  表示する("1〜10までの数字のうち1つ入力してください：")
                    「1〜10までの数字のうち1つ入力してください：」と表示
(3)  user_kazu = 【外部からの入力】    ユーザが入力した数字をuser_kazuに代入
(4)  もし user_kazu < ransuu ならば：
                    user_kazuの値がransuuの値より小さければ真
(5)  ┃ 表示する("もっと大きな数です")    「もっと大きな数です」と表示
(6)  そうでなくもし user_kazu > ransuu ならば：    user_kazuの値がransuuの
                                      値より大きければ真
(7)  ┃ 表示する("もっと小さな数です")    「もっと小さな数です」と表示
(8)  そうでなければ：    上記の条件がすべて偽の場合
                    つまり，user_kazuの値とransuuの値が一致する場合(9)行
                    目の処理を行う
(9)  ┗ 表示する("当たり！")    「当たり！」と表示
(10) 表示する("コンピュータの数字：",ransuu)    「コンピュータの数字：」と変
                                    数ransuuの値を表示
```

図1　数あてゲームプログラム（再掲）

問2

ここからは問2のプログラムの空欄にあてはまる解答を考えていきます。図2の(3)行目の繰り返し条件の比較演算子を答える問題です。条件が「真」の間(13)行目までの処理が繰り返されます。問題文より処理は3回繰り返されるので、4回目で処理を抜ける必要があります。

変数countの初期値は0で(13)行目でカウントアップされるので、(3)行目時の繰り返し回数ごとの関係は次のようになります。

繰り返し	(3)行目のcountの値
1周目	0
2周目	1
3周目	2
4周目	3

つまり0～2の間は「真」となり繰り返しを続けて、3の場合「偽」となる条件式は「count < 3」です。つまり | エ | の正答は⑤の「<」となります。

理解できました。この問題は実際に変数に値をあてはめて処理を追うと解きやすいですね！

(11)行目の処理は、何回目で当たったかを表示する処理です。変数countの初期値は0で後続の(13)行目でカウントアップしています。
(11)行目において繰り返し回数と変数countの値は次のようになります。

繰り返し	(11)行目のcountの値
1周目	0
2周目	1
3周目	2

つまり、1回目で当たってもそのまま出力すると「0回目で当たり！」と表示されてしまいます。そこで変数countの値に1を足す必要があります。よって、 | オ | の正答は③の「count + 1」となります。

プログラムの内容については次のようになります。

```
(1) ransuu = random(9) + 1 #コンピュータの生成した乱数
              ……………………… 1～10までの数字のうち1つ生成しransuuに代入
(2) count = 0 …………………………………………… countに初期値の0を代入
(3) count < 3の間繰り返す:……………… (13)行目までの処理をcountの値が3
                                        より小さい間繰り返す
```

3 実践的な長文問題に挑戦！

109

```
(4)  | 表示する("1~10までの数字のうち1つ入力してください:")
          ┄┄┄┄┄┄┄┄┄┄┄┄ 「1~10までの数字のうち1つ入力してください:」と表示
(5)  | user_kazu = 【外部からの入力】┄┄ ユーザが入力した数字をuser_kazuに代入
(6)  | もし user_kazu < ransuu ならば:
          ┄┄┄┄┄┄┄┄┄┄┄┄ user_kazuの値がransuuの値より小さければ真
(7)  |  | 表示する("もっと大きな数です") ┄┄┄┄「もっと大きな数です」と表示
(8)  | そうでなくもし user_kazu > ransuu ならば: ┄┄ user_kazuの値がransuuの
                                      値より大きければ真
(9)  |  | 表示する("もっと小さな数です") ┄┄┄┄「もっと小さな数です」と表示
(10) | そうでなければ: ┄┄┄┄ 上記の条件がすべて偽の場合
                    つまり, user_kazuの値とransuuの値が一致する場合
                    (11)行目の処理を行う
(11) |  |  表示する(count + 1, "回目で当たり!") ┄ 変数countの値に1を足した数
                                      と「回目で当たり!」を表示
(12) | L 繰り返しの処理を抜ける ┄┄┄┄ 繰り返し処理を抜けて(14)行目処理を行う
(13) L count = count +1 ┄┄┄┄┄┄┄┄ countの値に1を足す
(14) 表示する("コンピュータの数字:", ransuu) ┄┄┄┄┄┄「コンピュータの数字:」
                                      と変数ransuuの値を表示
```

図2 最大3回チャレンジできるようにした数あてプログラム（再掲）

解答：問1 ア ④   イ ⑤   ウ ③
     問2 エ ⑤   オ ③

Chapter3
3-3

>> 出る度 ★★★

試験の点数の評価をしてみよう

キーワード 配列、関数、要素数、繰り返し文、条件分岐文

目標解答時間：10分

問題

試験の点数評価プログラムについて次の問い（問1～問2）に答えなさい。

▶ 問1

次のプログラム中の ア ～ ウ に当てはまるものを解答群から選び番号で答えなさい。

試験の点数によって「合格」か「不合格」か評価を行うプログラムを作成する。プログラムの内容は以下の通りである。

【プログラムの内容】
- 試験の点数は配列 **Tensuu** に格納する。
- 「合格」か「不合格」の判定結果は配列 **Hyouka** に格納する。
- 配列 **Tensuu** の要素の順番と配列 **Hyouka** の要素の順番は対応している。
- 評価基準は変数 **kijun** に格納し、配列 **Tensuu** の要素の値が変数 **kijun** の値以上の点数ならば「合格」とし、それ以外は「不合格」とする。

プログラムでは、次の関数を用いる。

【関数の説明】

関数	説明
length(配列)	引数に指定された配列の要素数を返す関数

```
(1) kijun = 60
(2) Tensuu = [83,66,59,47,95]
(3) Hyouka = ["未","未","未","未","未"]
(4) iを0から   ア   まで1ずつ増やしながら繰り返す：
(5) | もし Tensuu[i]   イ   kijun ならば：
(6) | |   ウ   = "不合格"
(7) | そうでなければ：
(8) L L   ウ   = "合格"
(9) 表示する(Tensuu)
(10) 表示する(Hyouka)
```

図1　試験の合否判定プログラム

ア の解答群　❶ length(Tensuu)　　❷ length(Tensuu) + 1
　　　　　　　　❸ length(Tensuu) - 1　❹ length(配列)

イ の解答群　❶ ==　　❷ !=　　❸ >　　❹ >=　　❺ <　　❻ <=

ウ の解答群　❶ Tensuu[i]　　　❷ Hyouka[i]
　　　　　　　　❸ Tensuu[i - 1]　❹ Hyouka[i - 1]

▶ 問2

　　エ ～ **キ** に当てはまるものを解答群から選び番号で答えなさい。同じ
選択肢を複数回用いてもよい。

　問1のプログラムを修正し評価を更に細分化しA,B,C,Dに分けることにした。

```
(1)  Tensuu = [95,80,60,47,59]
(2)  Hyouka = ["未","未","未","未","未"]
(3)  iを0から   ア   まで1ずつ増やしながら繰り返す：
(4)  | もし Tensuu[i] >= 90 ならば：
(5)  | |   ウ   = "A"
(6)  | そうでなくもし Tensuu[i] > 80 ならば：
(7)  | |   ウ   = "B"
(8)  | そうでなくもし Tensuu[i] < 60 ならば：
(9)  | |   ウ   = "D"
(10) | そうでなければ：
(11) L L   ウ   = "C"
(12) 表示する(Tensuu)
(13) 表示する(Hyouka)
```

図2　試験の評価プログラム

※　**ア** ～ **ウ** については問1と同じである。

このプログラムを実行した後の (13) 行目の配列 **Hyouka** の内容は次のようになった。

配列 Hyouka

添字	0	1	2	3	4
要素	A	エ	オ	カ	キ

エ ～ キ の解答群　❶ A　❷ B　❸ C　❹ D

▶ 解答への思考プロセス

問1

ア

この問題は (8) 行目までの繰り返しの終了値を答える問題です。変数 i の利用用途を確認すると (5) 行目で「**Tensuu[i]**」と配列 **Tensuu** の添字の指定に使われていることがわかります。変数 i の初期値は 0 であることから配列 **Tensuu** の要素の先頭から順番に変数 **kijun** の値と比較していることがわかります。配列 **Tensuu** は添字も含めて次のようなイメージです。

配列 Tensuu

添字	0	1	2	3	4
要素	83	66	59	47	95

最後尾の添字は 4 なので「i を 0 から 4 まで 1 ずつ増やしながら繰り返す:」となるはずですよね。しかし、解答群の中に 4 という選択肢はないですね…。

はい。実は、今回は関数 length の内容を読み取って答える問題です。
関数 **length** は「引数に指定された配列の要素数を返す関数」です。
例えば、配列 **Tensuu** の要素数は 5 個ですので「**length(Tensuu)**」とした場合、「5」が返されます。
これを各選択肢にあてはめると戻り値は、次のようになります。

	解答群	戻り値
①	length(Tensuu)	5
②	length(Tensuu)+1	6
③	length(Tensuu)-1	4
④	length(配列)	「配列」という変数が未定義のためエラーとなる

よって、**ア** の正答は「4」が返される③の「length(Tensuu)-1」となります。

比較演算子を答える問題です。各比較演算子の意味は次のようになります。

	演算子	条件式	説明
①	==	Tensuu[i] == kijun	Tensuu[i] の値と kijun の値が同じならば真
②	!=	Tensuu[i] != kijun	Tensuu[i] の値と kijun の値が異なれば真
③	>	Tensuu[i] > kijun	Tensuu[i] の値が kijun の値より大きければ真
④	>=	Tensuu[i] >= kijun	Tensuu[i] の値が kijun の値以上ならば真
⑤	<	Tensuu[i] < kijun	Tensuu[i] の値が kijun の値より小さければ真
⑥	<=	Tensuu[i] <= kijun	Tensuu[i] の値が kijun の値以下ならば真

(6)行目に注目すると「不合格」に更新する処理です。つまり、(5)行目の判定の結果が「真」ならば「不合格」ということになります。プログラムの内容より「評価基準は変数kijunに格納し、配列Tensuuの要素の値が変数kijunの値以上の点数ならば「合格」とし、それ以外は「不合格」とする。」とあります。

この場合、「Tensuu[i] >= kijun」が「真」ならば「合格」となります。しかし、今回は「真」ならば、「不合格」としなくてはいけません。言い換えると、Tensuu[i] の値が変数kijunの値より小さければ「不合格」ということです。比較演算子を使うと「Tensuu[i] < kijun」となります。

よって、　イ　の正答は⑤の「<」となります。

(6)行目は「不合格」、(8)行目は「合格」を　ウ　に代入しています。

プログラムの条件より「配列Tensuuの要素の位置と配列Hyoukaの要素の位置は対応している。」とあることから、次のような対応関係となります。

配列Tensuu

添字	0	1	2	3	4
要素	83	66	59	47	95

配列Hyouka

添字	0	1	2	3	4
要素					

イメージできました。つまり、今の処理対象の添字は変数iであることからTensuu[i] の評価結果をHyouka[i] に格納すればよいということになりますね。

その通りです。よって、　ウ　の正答は②の「Hyouka[i]」となります。

それでは、プログラムの内容についてもう一度確認してみましょう。

```
(1)   kijun = 60 ──────────────── kijiunに60を代入（評価基準）
(2)   Tensuu = [83,66,59,47,95] ─────── 配列Tensuuを定義
(3)   Hyouka = ["未","未","未","未","未"] ──── 配列Hyoukaを定義
(4)   iを0からlength(Tensuu)-1まで1ずつ増やしながら繰り返す:
          ───── (8)行目までの処理を、変数iを0から4まで1ずつ増やしながら繰り返す
(5)   │ もし Tensuu[i] < kijun ならば:
          ───────── 配列Tensuuの添字iの要素の値がkijunの値より小さければ「真」
(6)   │ │ Hyouka[i] = "不合格" ── 配列Hyoukaの添字iの要素に「不合格」を代入
(7)   │ そうでなければ: ──────── (5)行目の判定が偽ならば
(8)   └ └ Hyouka[i] = "合格" ───── 配列Hyoukaの添字iの要素に「合格」を代入
(9)   表示する(Tensuu) ────────── 配列Tensuuの要素の値を表示
(10)  表示する(Hyouka) ────────── 配列Hyoukaの要素の値を表示
```

図1　試験の合否判定プログラム（再掲）

実行結果
```
[83,66,59,47,95]
[合格,合格,不合格,不合格,合格]
```

問2

 ～

 条件分岐の内容を理解して正しく処理が追えるかが問われています。

配列 **Tensuu** に格納される点数の値を0〜100までの整数値とした場合で、条件式ごとに「真」となる点数の範囲は次のようになります。

処理行数	判定	範囲	評価	説明
(4)行目	Tensuu[i] >= 90	90〜100	A	90以上ならば「真」
(6)行目	Tensuu[i] > 80	81〜89	B	80より大きければ「真」
(8)行目	Tensuu[i] < 60	0〜59	D	60より小さければ「真」
(10)行目	上記以外	60〜80	C	上記以外

つまり結果は次のようになります。

配列 **Tensuu**

添字	0	1	2	3	4
要素	95	80	60	47	59

配列 **Hyouka**

添字	0	1	2	3	4
要素	A	エ / C	オ / C	カ / D	キ / D

よって、正答は ア エ は③の「C」、 オ は③の「C」、 カ は④の「D」、
キ は④の「D」となります。

解答：**問1** ア ③　　イ ⑤　　ウ ②
問2 エ ③　　オ ③　　カ ④　　キ ④

Chapter3

3-4

スゴロクゲームを作ってみよう

キーワード 繰り返し文、関数、乱数、条件分岐文

目標解答時間：10分

問題

スゴロクゲームプログラムについて次の問い（問1～問2）に答えなさい。

▶ 問1

次のプログラム中の ┌ ア ┐ ～ ┌ ウ ┐ に当てはまるものを解答群から選び番号で答えなさい。

サイコロを振って何回でゴールするかを表示するスゴロクゲームのプログラムを作成する。

プログラムの内容は以下の通りである。

【プログラムの内容】

・スタート(S)は0マス目、ゴール(G)は15マス目とする。

0	1	2	3	4	5	6	7	8	9	10	11	12	13	14	15
S															G

・スタート位置は変数 **start**、ゴール位置は変数 **goal** に格納する。
・プレイヤー（コマ）の現在位置は変数 **koma** に格納する。
・サイコロの出目は関数 **random** を用いて1～6までのランダムな数字を1つ生成しその値を変数 **deme** に格納する。
・サイコロの出目の数分コマを進めゴール位置に達したらゲーム終了とする。
・ゴールの位置をオーバーしてもゴールとする。
・ゴールまでのサイコロを振った回数を出力する。

プログラムでは、次の関数を用いる。

【関数の説明】

関数	説明
random(n)	0以上n以下の整数をランダムに1つ返す関数

```
(1)   start = 0
(2)   goal = 15
(3)   koma = 0
(4)   count = 0
(5)   koma   ア   goal の間繰り返す:
(6)   | deme = random(5) + 1
(7)   | koma =   イ
(8)   | count = count + 1
(9)   | もし koma   ウ   goal ならば:
(10)  | | 表示する("出目:",deme," ゴールしました!")
(11)  | そうでなければ:
(12)  L L 表示する("出目:",deme," コマの位置:",koma)
(13) 表示する("ゴールまでの回数:",count)
```

図1　スゴロクゲームプログラム

ア ・ ウ の解答群　❶ ==　❷ !=　❸ >　❹ >=　❺ <　❻ <=

イ の解答群　❶ deme　❷ koma　❸ koma + deme　❹ koma - deme

▶ 問2

次のプログラム中の ┌ エ ┐ ～ ┌ カ ┐ に当てはまるものを解答群から選び番号で答えなさい。

問1のプログラムを改良し次の内容を追加することにした。

【追加したプログラムの内容】

・進んだ先でくじ引きを行う。

・配列Kujiを追加し、★が出たらさらに2マス進め、◆が出たら3マス戻る。

0	1	2	3	4	5	6	7	8	9	10	11	12	13	14	15
		★	◆			★				◆				◆	

たとえば、進んだ先が3マス目の場合は「◆」なので、0マス目のスタートの位置に戻ることになる。

```
(1)    start = 0
(2)    goal = 15
(3)    koma = 0
(4)    count = 0
(5)    Kuji = ["","","★","◆","","","★","","","","◆","","","","◆",""]
       #「""」は要素が空であることを意味する。
(6)    koma   ア   goal の間繰り返す:
(7)    | deme = random(5) + 1
(8)    | koma =   イ
(9)    | count = count + 1
(10)   | もし koma   ウ   goal ならば:
(11)   |  | 表示する("出目:",deme," ゴールしました！")
(12)   | そうでなければ:
(13)   |  | 表示する("出目:",deme," コマの位置:",koma)
(14)   |  | もし   エ   == "★" ならば:
(15)   |  |  | 表示する("さらに2マス進む！")
(16)   |  |  | koma =   オ
(17)   |  | そうでなくもし   エ   == "◆" ならば:
(18)   |  |  | 表示する("残念！ここから3マス戻る！")
(19)   L  L  L    koma =   カ
(20) 表示する("ゴールまでの回数:",count)
```

図2　配列Kujiを追加したスゴロクゲームプログラム

※　　ア　　～　　ウ　　については問1と同じである。

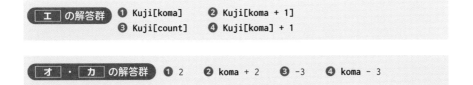

**　エ　の解答群**　❶ Kuji[koma]　❷ Kuji[koma + 1]　❸ Kuji[count]　❹ Kuji[koma] + 1

**　オ　・　カ　の解答群**　❶ 2　❷ koma + 2　❸ -3　❹ koma - 3

▶ 解答への思考プロセス

問1

　ア

(12)行目までの繰り返し条件を答える問題です。条件判定の結果が「真」の間、(12)行目までの処理を繰り返すことになります。

プログラムの内容の「サイコロの出目の数分コマを進めゴール位置に達したらゲーム終了とする」と「ゴールの位置をオーバーしてもゴールとする」という部分が対応しています。ここではゴールに達していない間は処理を繰り返す必要があります。つまり、コマの位置がゴールの位置より小さい間は処理を繰り返すという意味です。コマの位置は変数komaが対応し、ゴールの位置は変数goalが対応しています。「より小さい」を表す比較演算子は「<」です。よって　ア　の正答は⑤の「<」が該当します。

変数**koma**に代入するものが問われています。プログラムの内容の「プレイヤー（コマ）の現在位置は変数**koma**に格納する」と「サイコロの出目の数分コマを進め」の部分が対応しています。

なるほど。つまり、今のコマの位置の値に、サイコロの出目の数を足せばいいのですよね。

はい、そのとおりです。コマの今の位置は変数**koma**が対応し、サイコロの出目の値は変数**deme**が対応しています。よって、　イ　の正答は③の「koma + deme」になります。

ウ

(9)行目の「koma　ウ　goal」の判定結果が「真」ならば(10)行目が「出目：○ゴールしました！」と表示されます。つまりゴールの条件が問われています。プログラムの内容の「サイコロの出目の数分コマを進めゴール位置に達したらゲーム終了とする」と「ゴールの位置をオーバーしてもゴールとする」の部分が対応しています。

先程の　ア　の部分と似た問題ですね。答えは異なるのでしょうか。

先程の　ア　は、継続条件なので、ゴールしていない間は「真」という意味でしたが、今回の　ウ　の部分はゴールならば「真」という意味になります。つまり、「コマの位置がゴールの位置以上ならばゴール」という条件になります。コマの位置は変数**koma**が対応し、ゴールの位置は変数**goal**が対応しています。「以上」を表す比較演算子は「>=」です。よって　ウ　の正答は④の「>=」が該当します。

　ア　～　ウ　に答えをあてはめたプログラムの内容については次のようになります。

```
(1)   start = 0 ·············· startに0を代入（スタートの位置）
(2)   goal = 15 ·············· goalに15を代入（ゴールの位置）
(3)   koma = 0 ·············· komaに0を代入（コマの位置）
(4)   count = 0 ·············· countに0を代入（サイコロを振った回数）
(5)   koma < goal の間繰り返す: ··· komaの値がgoalの値より小さい間(12)行目
                                    までの処理を繰り返す（ゴールに達してい
                                    なければ「真」）
(6)   | deme = random(5) + 1 ·········· 1～6までの乱数を1つ生成しdemeに代入
(7)   | koma = koma + deme ·········· 今のコマの位置(koma)にdemeの値を加え
                                       komaの値を更新（コマを進める処理）
(8)   | count = count + 1 ·········· 変数countの値を1つカウントアップ
(9)   | もし koma >= goal ならば:········· komaの値がgoalの値以上なら「真」
                                          （ゴールに達していれば「真」）
(10)  | | 表示する("出目：",deme," ゴールしました！")
      ················································「出目：○ ゴールしました！」と表示
                                          ※○には数字が入る
```

(11) │ そうでなければ： ··· (9)行目の判定が「偽」ならば
(12) └ └ 表示する(”出目：”,deme,” コマの位置：”,koma)
··· 「出目：○ コマの位置：○」と表示
※○には数字が入る
(13) 表示する(”ゴールまでの回数：”,count)
··· 「ゴールまでの回数：○」と表示
※○には数字が入る

図1　スゴロクゲームプログラム（再掲）

問2

エ

ここからは図2のプログラムについて見ていきます。解答群を確認すると配列 **Kuji** の要素の値を取得しており、添字として何を指定するかが問われています。追加したプログラムの内容より「進んだ先が3マス目の場合は0マス目のスタートの位置に戻ることになる」という例がヒントとなります。

進んだ先のコマの位置が3の場合、変数 **koma** には(8)行目の処理で3が格納されます。その位置に対応する配列 **Kuji** の要素の値は◆となります。変数に置き換えると「**Kuji[koma]**」とすれば添字3の位置にある「◆」が取得できます。

0	1	2	3	4	5	6	7	8	9	10	11	12	13	14	15
		★	◆			★				◆				◆	

↑
Kuji[koma]

「◆が出たら3マス戻る」とあるため、今のコマの位置である3から3を引くと0の位置になります。
よって、　**エ**　の正答は、①の「**Kuji[koma]**」になります。

オ ・ カ

この問題は「2マス進む」「3マス戻る」の表示処理が直前にあるのでわかりやすかったです。

そうですね。問題を解くうえでは、表示処理の内容もヒントになることがあります。(16)行目の　**オ**　は変数 **koma** の値の更新処理です。(14)行目が「★」の判定処理であること、(15)行目で「2マス進む」とあることから、今のコマの位置から2を足す必要があります。よって、　**オ**　の正答は②の「**koma + 2**」が該当します。
(19)行目は3マス戻る処理であることから、今のコマの位置から3を引く必要があります。よって、　**カ**　の正答は④の「**koma - 3**」になります。

　ア　～　**カ**　の解答をあてはめたプログラムの内容については次のようになります。

```
(1)   start = 0 ································ startに0を代入（スタートの位置）
(2)   goal = 15 ······························ goalに15を代入（ゴールの位置）
(3)   koma = 0 ······························· komaに0を代入（コマの位置）
(4)   count = 0 ······························ countに0を代入（サイコロを振った回数）
(5)   Kuji = ["","","★","◆","","","★","","","","◆","","","","◆",""]
              ············ 配列Kujiを定義（★：2マス進む、◆：3マス戻る）、""：値が空
(6)   koma < goal の間繰り返す： ······ komaの値がgoalの値より小さい間(19)行目
                                        までの処理を繰り返す（ゴールに達してい
                                        なければ「真」）
(7)   | deme = random(5) + 1 ····· 1～6までの乱数を1つ生成しdemeに代入
(8)   | koma = koma + deme ········ 今のコマの位置(koma)にdemeの値を加えkomaの
                                    値を更新（コマを進める処理）
(9)   | count = count + 1 ··········· 変数countの値を1つカウントアップ
(10)  | もし koma >= goal ならば： ············· komaの値がgoalの値以上なら「真」
                                          （ゴールに達していれば「真」）
(11)  | | 表示する("出目：",deme," ゴールしました！")
              ·························· 「出目：○ ゴールしました！」と表示
                                     ※○には数字が入る
(12)  | そうでなければ： ··············· (10)行目の判定が「偽」ならば
(13)  | | 表示する("出目：",deme," コマの位置：",koma)
              ························· 「出目:○ コマの位置:○」と表示
                                     ※○には数字が入る
(14)  | | もし Kuji[koma] == "★" ならば：
              ·········· 配列Kujiの添字がkomaの要素の値が「★」ならば「真」
(15)  | | | 表示する("さらに2マス進む！") ······ 「さらに2マス進む！」と表示
(16)  | | | koma = koma + 2 ········ komaの値に2を足す（2マス進む処理）
(17)  | | そうでなくもし Kuji[koma] == "◆" ならば：
              ·········· 配列Kujiの添字がkomaの要素の値が「◆」ならば「真」
(18)  | | | 表示する("残念！ここから3マス戻る！")
              ················· 「残念！ここから3マス戻る！」と表示
(19)  L L L koma = koma - 3 ·········· komaの値から3を引く（3マス戻る処理）
(20)  表示する("ゴールまでの回数：",count) ······ 「ゴールまでの回数：○」と表示
                                     ※○には数字が入る
```

図2　配列Kujiを追加したスゴロクゲームプログラム（再掲）

解答：問1　ア ⑤　　イ ③　　ウ ④
　　　問2　エ ①　　オ ②　　カ ④

 長いプログラムでしたが、順番に考えていけば解くことが出来るんですね！

Chapter3

3-5 宝探しゲームを 作成しよう

キーワード 一次元配列、二次元配列、関数、要素数、繰り返し文、条件分岐文

目標解答時間：10分

問題

宝探しゲームプログラムについて次の問い（問1～問2）に答えなさい。

▶ 問1

次のプログラム中の ┌ ア ┐ ・ ┌ イ ┐ に当てはまるものを解答群から選び番号 で答えなさい。

配列**Takara**の中の「宝」という文字を配列の先頭から探すプログラムを作成する。

「宝」が見つかった場合、配列**Takara**と同じ添字にある配列**Okane**の数字を合計 する。

たとえば、次の配列**Takara**の場合、「宝」の数は4、宝の位置に対応する数字の 合計値は10+30+20+40=100となる。

配列：Takara

○	△	宝	○	宝	宝	○	宝	△

配列：Okane

0	-8	10	0	30	20	0	40	-5

探す文字は変数**tansaku**に格納する。

プログラムでは、次の関数を用いる。

【関数の説明】

関数	説明
length(配列)	引数に指定された配列の要素数を返す関数

```
(1)   tansaku = "宝"
(2)   takara_kazu = 0
(3)   goukei = 0
(4)   Takara = ["○","△","宝","○","宝","宝","○","宝","△"]
(5)   Okane = [0,-8,10,0,30,20,0,40,-5]
(6)   gyoを1からlength(Takara)まで1ずつ増やしながら繰り返す:
(7)   │ もし  ア  == tansaku ならば:
(8)   │ │ goukei = goukei +  イ
(9)   └ └ takara_kazu = takara_kazu + 1
(10) 表示する("宝の数は",takara_kazu,"個で合計金額は"、goukei,"円です。")
```

図1　宝探しゲームプログラム

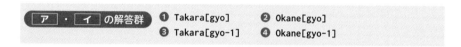

ア・イ の解答群　❶ Takara[gyo]　❷ Okane[gyo]　❸ Takara[gyo-1]　❹ Okane[gyo-1]

▶ 問2

次のプログラム中の　ウ　・　エ　に当てはまるものを解答群から選び番号で答えなさい。また、　オ　に当てはまる数字を答えなさい。

問1のプログラム（図1）を改良し二次元配列を用いるようにした。

配列：Takara

○	△	宝
○	宝	宝
○	宝	△

出力結果は図1のプログラムと同じとなった。

```
(1)   tansaku = "宝"
(2)   takara_kazu = 0
(3)   goukei = 0
(4)   Takara = [["○","△","宝"],["○","宝","宝"],["○","宝","△"]]
(5)   Okane = [[0,-8,10],[0,30,20],[0,40,-5]]
(6)   gyoを0から2まで1ずつ増やしながら繰り返す:
(7)   │ retsuを0から2まで1ずつ増やしながら繰り返す:
(8)   │ │ もし  ウ  == tansaku ならば:
(9)   │ │ │ takara_kazu = takara_kazu + 1
(10) └ └ └ goukei = goukei +  エ
(11) 表示する("宝の数は",takara_kazu,"個で合計金額は"、goukei,"円です。")
```

図2　二次元配列を用いた宝探しゲームプログラム

124

このプログラムを実行した時、親ループ2周目、子ループ3周目の時の変数 goukei の値は オ である。

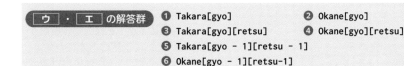

ウ ・ エ の解答群

① Takara[gyo]　　　　　　② Okane[gyo]
③ Takara[gyo][retsu]　　　④ Okane[gyo][retsu]
⑤ Takara[gyo - 1][retsu - 1]
⑥ Okane[gyo - 1][retsu-1]

▶ 解答への思考プロセス

問1

ア

（7）行目の ア は変数 tansaku の値と比較するものが問われています。問題文の「配列 Takara の中の「宝」という文字を配列の先頭から探す」がヒントとなります。添字も含めて配列 Takara の構造は次のようなイメージです。

配列：Takara

添字	0	1	2	3	4	5	6	7	8
要素	○	△	宝	○	宝	宝	○	宝	△

（6）行目で「gyo を 1 から length(Data) まで」とあり、解答群を確認すると変数 gyo は配列の要素を指定するための添字として用いられています。「length(Takara)」は配列 Takara の要素数である 9 を返します。

つまり、繰り返し条件の gyo の値は 1 から 9 まで 1 ずつ増えていきます。しかし、添字の範囲は 0 から 8 の範囲です。整合性を合わせるには変数 gyo の値から 1 を引けば 0 から 8 の範囲となります。よって、 ア の正答は③の「Takara[gyo-1]」となります。

今までのパターンだと変数 gyo が 0 から始まっていたので Takara[gyo] という形でしたが、この問題は gyo が 1 から始まっているので注意が必要ですね。

その通りです。添字を変数で指定している場合は、その変数が取りうる範囲を見極めることが正答率を高める上で大切です。

イ

（8）行目は変数 goukei の更新処理です。問題文の「「宝」が見つかった場合、配列 Takara と同じ添字にある配列 Okane の数字を合計する」の部分が対応しています。つまり、配列 Takara と配列 Okane は次のような対応関係になります。

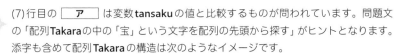

配列：Takara

○	△	宝	○	宝	宝	○	宝	△

配列：Okane

0	-8	10	0	30	20	0	40	-5

処理対象の配列**Okane**の添字は ┃ **ア** ┃ の正答より「gyo-1」です。よって、 ┃ **イ** ┃ の正答は④の「Okane[gyo-1]」となります。

プログラムの内容については次のようになります。

```
(1)  tansaku = "宝"  ················· tansakuに「宝」を代入（探索値）
(2)  takara_kazu = 0  ·············· takara_kazuに0を代入（宝の数）
(3)  goukei = 0  ··················· goukeiに0を代入（お金の合計値）
(4)  Takara = ["○","△","宝","○","宝","宝","○","宝","△"]
                              ·················· 配列Takaraを定義
(5)  Okane = [0,-8,10,0,30,20,0,40,-5]  ········· 配列Okaneを定義
(6)  gyoを1からlength(Takara)まで1ずつ増やしながら繰り返す：
           ······ gyoを1から9まで1ずつ増やしながら(9)行目までの処理を繰り返す
(7)  │ もし ┃ ア ┃ Takara[gyo-1] == tansaku ならば：
           ············· 配列Takaraの添字がgyo-1の要素の値が「宝」ならば「真」
(8)  │ │ goukei = goukei + ┃ イ ┃ Okane[gyo-1]
           ············ goukeiの値に配列Okaneの添字gyo-1の要素の値を加算
(9)  L L takara_kazu = takara_kazu + 1  ····· takara_kazuの値を1カウントアップ
(10) 表示する("宝の数は",takara_kazu,"個で合計金額は"、goukei,"円です。")
           ·································「宝の数はXX個で合計金額はXX円です。」と表示
           ※XXには数字が入る
```

図1 宝探しゲームプログラム（再掲）

繰り返し毎の各変数の内容をまとめると次のようになります。

※赤文字が値の更新タイミング

繰り返し	gyo	Takara[gyo-1]	(7)行目の判定 Takara[gyo-1]==tansaku	Okane[gyo-1]	goukei	takara_kazu
開始前	-	-	-	-	0	0
1周目	1	○	偽	0	0	0
2周目	2	△	偽	-8	0	0
3周目	3	宝	真	10	10	1
4周目	4	○	偽	0	10	1
5周目	5	宝	真	30	40	2
6周目	6	宝	真	20	60	3
7周目	7	○	偽	0	60	3
8周目	8	宝	真	40	100	4
9周目	9	△	偽	-5	100	4

よって(10)行目で「宝の数は4個で合計金額は100円です。」と表示されます。

ウ

問題文の中に「出力結果は図1のプログラムと同じとなった」と書いてあり、問1と同じ結果になるとのことですが、二次元配列や二重ループが出てくると、急に難しく感じますね…。

まずは二次元配列がどのような構造なのかをイメージしていきましょう。

配列の各要素は「配列名[行の添字][列の添字]」と表します。今回の配列**Takara**の場合は次のようになります。

添字	0	1	2
0	Takara[0][0]	Takara[0][1]	Takara[0][2]
1	Takara[1][0]	Takara[1][1]	Takara[1][2]
2	Takara[2][0]	Takara[2][1]	Takara[2][2]

注意 大学入学共通テストでは、配列名[行の添字,列の添字]という形で出題される可能性があります（P.49参照）。ここではPythonやJavaScriptの文法に合わせた形で説明します。

配列**Takara**と配列**Okane**は次のようなイメージです。

配列：Takara

添字	0	1	2
0	○	△	宝
1	○	宝	宝
2	○	宝	△

配列：Okane

添字	0	1	2
0	0	-8	10
1	0	30	20
2	0	40	-5

(8)行目の **ウ** は変数**tansaku**の値と比較するものが問われています。問1と同じ結果となるので、配列**Takara**の要素の値が「宝」という文字と一致すれば、(9)行目、(10)行目の処理が行われます。

二次元配列の要素の指定には変数**gyo**と変数**retsu**が使われ、解答群を見ると「**Takara[gyo][retsu]**」のように、変数**gyo**が行を指定する添字、変数**retsu**が列を指定する添字として使われています。

		列	変数retsu
添字	0	1	2
0	○	△	宝
変数gyo 行 1	○	宝	宝
2	○	宝	△

127

添字の範囲は0〜2で、「**gyo**を**0**から**2**まで**1**ずつ増やしながら」「**retsu**を**0**から**2**まで**1**ずつ増やしながら」とあるので**gyo**と**retsu**の範囲も0〜2となり一致します。つまり、**gyo**と**retsu**の値をそのまま添字を指定する変数として使うことが可能です。よって、　ウ　の正答は③の「Takara[gyo][retsu]」となります。

| エ |

問1と同じく配列**Takara**と配列**Okane**の各要素の位置は対応しています。たとえば、次の図のように**Takara[0][2]**と**Okane[0][2]**は対応しています。

配列：Takara

添字	0	1	2
0	○	△	宝
1	○	宝	宝
2	○	宝	△

配列：Okane

添字	0	1	2
0	0	-8	10
1	0	30	20
2	0	40	-5

処理対象の配列**Takara**の要素は**Takara[gyo][retsu]**であることから、対応する配列**Okane**の要素は**Okane[gyo][retsu]**となります。よって　エ　の正答は④の「Okane[gyo][retsu]」となります。

二次元配列は図示すると理解しやすいですね！

そうですね！　ウ　・　エ　の答えをあてはめたプログラムの内容については次のようになります。

```
(1)  tansaku = "宝" ················································ tansakuに「宝」を代入（探索値）
(2)  takara_kazu = 0 ·············································· takara_kazuに0を代入（宝の数）
(3)  goukei = 0 ··················································· goukeiに0を代入（お金の合計値）
(4)  Takara = [["○","△","宝"],["○","宝","宝"],["○","宝","△"]]
                               ······································ 二次元配列Takaraを定義
(5)  Okane = [[0,-8,10],[0,30,20],[0,40,-5]] ·········· 二次元配列Okaneを定義
(6)  gyoを0から2まで1ずつ増やしながら繰り返す： ···· gyoを0から2まで1ずつ増や
                                                       しながら(10)行目までの処
                                                       理を繰り返す（親ループ）
(7)   | retsuを0から2まで1ずつ増やしながら繰り返す：
       ······· retsuを0から2まで1ずつ増やしながら(10)行目までの処理を繰り返す（子ループ）
(8)   | | もし　ウ　Takara[gyo][retsu] == tansaku ならば：
       ······· 配列Takaraの行の添字gyo、列の添字retsuの要素の値が「宝」ならば「真」
(9)   | | | takara_kazu = takara_kazu + 1
                       ················································ takara_kazuの値を1カウントアップ
```

```
(10)  L  L  L  goukei = goukei + │  エ  │Okane[gyo][retsu]
         ················· goukeiの値に配列Okaneの添字gyo、列の添字retsuの要素の値を加算
(11)  表示する("宝の数は", takara_kazu, "個で合計金額は"、goukei, "円です。")
         ················· 「宝の数はXX個で合計金額はXX円です。」と表示  ※XXには数字が入る
```

図2　二次元配列を用いた宝探しゲームプログラム（再掲）

(6)行目から(10)行目の繰り返し処理について、変数に値をあてはめて処理を追うと次のようになります。

■ 親ループ1周目 (gyo=0)

親ループ1周目では添字が0の行について判定を行います。

■■ 子ループ1周目 (retsu=0)

	変数retsu		
添字	0	1	2
行 0	○	△	宝
変数gyo 1	○	宝	宝
2	○	宝	△

```
(6)   gyoを0から2まで1ずつ増やしながら繰り返す： ················· gyoに0を代入
(7)   │ retsuを0から2まで1ずつ増やしながら繰り返す：··········· retsuに0を代入
(8)   │ │ もし Takara[gyo][retsu] == tansaku ならば：
                    ···················· Takara[0][0]は「○」なので「偽」
(9)   │ │ │ takara_kazu = takara_kazu + 1 ············ ※実行されない
(10)  L L L goukei = goukei + Okane[gyo][retsu] ········· ※実行されない
```

■■ 子ループ2周目 (retsu=1)

```
(6)   gyoを0から2まで1ずつ増やしながら繰り返す： ················· ※子ループのみ実行
(7)   │ retsuを0から2まで1ずつ増やしながら繰り返す：··········· retsuに1を代入
(8)   │ │ もし Takara[gyo][retsu] == tansaku ならば： ··· Takara[0][1]は「△」
                                            なので「偽」
(9)   │ │ │ takara_kazu = takara_kazu + 1 ············ ※実行されない
(10)  L L L goukei = goukei + Okane[gyo][retsu] ········· ※実行されない
```

■■子ループ3周目 (retsu=2)

```
(6)    gyoを0から2まで1ずつ増やしながら繰り返す: ………… ※子ループのみ実行
(7)    | retsuを0から2まで1ずつ増やしながら繰り返す:……… retsuに2を代入
(8)    | | もし Takara[gyo][retsu] == tansaku ならば: … Takara[0][2]は「宝」
                                                        なので「真」
(9)    | | | takara_kazu = takara_kazu + 1 …………… 0+1=1を計算しtakara_
                                                        kazuに1を代入
(10)   L L L goukei = goukei + Okane[gyo][retsu] ……… Okane[0][2]は10
                                                        0+10=10を計算し
                                                        goukeiに10を代入
```

　親ループの2周目以降も含めて、変数に値をあてはめて処理を追うと次のように
なります (赤字は変数の更新タイミング)。

親ループ	子ループ	gyo	retsu	Takara[gyo][retsu]	(8)行目の判定 Takara[gyo][retsu] ==tansaku	Okane[gyo][retsu]	goukei	takara_kazu
開始前		-	-	-	-	-	0	0
1周目	1周目	0	0	○	偽	0	0	0
	2周目	0	1	△	偽	-8	0	0
	3周目	0	2	宝	真	10	10	1
2周目	1周目	1	0	○	偽	0	10	1
	2周目	1	1	宝	真	30	40	2
	3周目	1	2	宝	真	20	**オ** 60	3
3周目	1周目	2	0	○	偽	0	60	3
	2周目	2	1	宝	真	40	100	4
	3周目	2	2	△	偽	-5	100	4

　よって、 オ にあてはまる親ループ2周目、子ループ3周目の時の変数
goukeiの値は60となります。

解答：問1 ア ③ 　 イ ④
　　　問2 ウ ③ 　 エ ④ 　 オ 60

Chapter3

3-6

>> 出る度 ★★

試験の最高点と最低点を求めよう

キーワード 配列、繰り返し文、条件分岐文、関数、要素数

目標解答時間：10分

問題

試験の点数の最高点および最低点を求めるプログラムについて次の問い（問1〜問2）に答えなさい。

▶ 問1

次のプログラム中の ア ～ ウ に当てはまるものを解答群から選び番号で答えなさい。

試験の点数が格納されている配列 **Tensuu** について最高点を探し出し、最高点とその教科名称を出力するプログラムを作成する。

プログラムの内容は以下の通りである。

【プログラムの内容】

- 試験の点数は配列 **Tensuu** に格納する。
- 点数に対応する教科の名称は配列 **Kyouka** に格納する。
- 配列 **Tensuu** の要素の順番と配列 **Kyouka** の要素の順番は対応している。
- 配列の先頭から判定し、その時点の最高点を変数 **saikouten** に格納する。
- 変数 **ichi** には最高点の教科の位置（添字）を格納する。
- 最高点の教科名称とその点数を表示する。

  ただし、ここでは同じ点数は無いものとする。

プログラムでは、次の関数を用いる。

【関数の説明】

関数	説明
length(配列)	引数に指定された配列の要素数を返す関数

```
(1) Kyouka = [ "国語","社会","数学","理科","英語","情報"]
(2) Tensuu = [74,70,81,60,91,85]
(3) saikouten = -1
(4) ichi = 0
(5) iを0からlength(Kyouka) - 1まで1ずつ増やしながら繰り返す:
(6) |   もし   ア  >  イ  ならば:
(7) | |   saikouten =  ア
(8) L L   ichi =  ウ
(9) 表示する("最高点は",Kyouka[ichi],"の",saikouten,"点です。")
```

図1 最高点とその教科名称を表示するプログラム

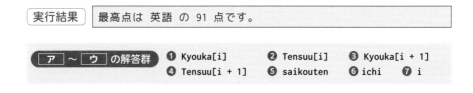

実行結果 | 最高点は 英語 の 91 点です。

ア ～ ウ の解答群 ❶ Kyouka[i] ❷ Tensuu[i] ❸ Kyouka[i + 1]
❹ Tensuu[i + 1] ❺ saikouten ❻ ichi ❼ i

▶ 問2

エ ～ キ に当てはまる数字を答えなさい。

　問1のプログラムを修正し、最低点を探し出し最後にその点数と教科名称を出力するようにした。

```
(1) Kyouka = [ "国語","社会","数学","理科","英語","情報"]
(2) Tensuu = [74,70,81,60,91,85]
(3) saiteiten = 999
(4) ichi = 0
(5) iを0からlength(Kyouka) - 1まで1ずつ増やしながら繰り返す:
(6) |   もし   ア  < saiteitenならば:
(7) | |   saiteiten =  ア
(8) L L   ichi =  ウ
(9) 表示する("最低点は",Kyouka[ichi],"の",saiteiten,"点です。")
```

図2 最低点とその教科名称を表示するプログラム
※ ア ・ ウ については問1と同じである。

　このプログラムを実行したとき(8)行目の処理の終了時点において、繰り返し処理毎の変数の値は次のようになった。

繰り返し	i	saiteiten	ichi
開始時	-	999	0
1周目	0		
2周目	1		
3周目	2	**エ**	**オ**
4周目	3		
5周目	4		
6周目	5	**カ**	**キ**

※網掛け部分には本来は数字が入る。

▶ 解答への思考プロセス

問1

   ・

 このプログラムの処理、何をやっているのかイメージできませんでした…。

冒頭部分の説明にある「プログラムの内容」をもとに、配列 **Tensuu** からどのようにして最高点を探しているかをイメージすることが大切です。

「配列の先頭から判定し、その時点の最高点を変数 **saikouten** に格納する」は、次のようなイメージです。

■ Tensuu[0] とその時点の最高点 (saikouten) との比較

配列**Tensuu**の先頭の要素(添字0)と変数**saikouten**の初期値である-1を比較します。

配列 Tensuu

添字	0	1	2	3	4	5
要素	74	70	81	60	91	85

Tensuu[0] > -1

-1

saikouten ※その時点の最高点を格納

74の方が大きいのでその時点の最高点は74となり変数**saikouten**の値を更新します。

■ Tensuu[1] とその時点の最高点 (saikouten) との比較

配列 **Tensuu** の2番目の要素 (添字1) の値の70とその時点の最高点 (**saikouten**) の74を比較します。

配列 Tensuu

添字	0	1	2	3	4	5
要素	74	70	81	60	91	85

Tensuu[1] < 74

74

saikouten ※その時点の最高点を格納

133

その時点の最高点の方が大きいので変数 **saikouten** の更新処理は行いません。

■ Tensuu[2] とその時点の最高点 (saikouten) との比較

配列 **Tensuu** の 3 番目の要素 (添字 2) の値の 81 とその時点の最高点 (**saikouten**) の 74 を比較します。

配列 Tensuu

添字	0	1	2	3	4	5
要素	74	70	81	60	91	85

Tensuu[2] > 74

74

saikouten　※その時点の最高点を格納

81 の方が大きいのでその時点の最高点は 81 となり変数 **saikouten** の値を更新します。

この判定を配列 **Tensuu** の最後尾まで繰り返します。結果として配列 **Tensuu** 内で最も大きい数字が変数 **saikouten** の値となります。

なるほど！　イメージが湧きました。空欄部分を埋めていきましょう！

(6)行目の「　ア　 > 　イ　」は、比較演算子の「>」があることから、　ア　 の値が 　イ　 の値より大きければ「真」となります。

(8)行目がその時点の最高点を格納する変数 **saikouten** の更新処理であることから、(6)行目は最高点の判定処理だということがわかります。

プログラムの内容の「配列の先頭から判定し、その時点の最高点を変数 **saikouten** に格納する」がヒントとなります。今の判定対象の点数は配列 **Tensuu** の添字が i の要素です。現時点の最高点は変数 **saikouten** に格納されています。

つまり、今の判定対象の得点 (**Tensuu[i]**) が現時点の最高点 (**saikouten**) より大きければ、変数 **saikouten** の値を更新する必要があります。つまり、「**Tensuu[i]** > **saikouten**」という判定式になります。よって、　ア　 の正答は②の「**Tensuu[i]**」、　イ　 の正答は⑤の「**saikouten**」となります。

　ウ　

(8)行目は 　ウ　 の値を変数 **ichi** に代入しています。変数 **ichi** が何に使われているかを確認すると (9)行目で「"最高点は ", Kyouka[ichi]」とあり、最高点の教科名を表示する処理の添字として使われています。つまり変数 **ichi** は最高点の要素の位置を示す添字です。

たとえば、配列 **Tensuu** の添字 4 の要素が最高点の場合、変数 **ichi** には 4 が格納されます。配列 **Kyouka** の添字 4 の要素の値は「英語」です。つまり、「英語」が最高点ということが変数 **ichi** の値を取得すればわかります。

配列 Tensuu

添字	0	1	2	3	4	5
要素	74	70	81	60	91	85

配列 Kyouka

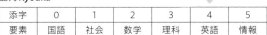

添字	0	1	2	3	4	5
要素	国語	社会	数学	理科	英語	情報

(8)行目の処理はその時点の最高点となった場合に行われるため、**Tensuu[i]** がその時点の最高点となります。その時点の最高点の位置を示す添字は変数iです。つまり、変数iの値を変数ichiに格納すればよいことになります。よって 　**ウ**　 の正答は⑦の「i」になります。

　ア　 ～ 　**ウ**　 の答えをあてはめたプログラムの説明は次の通りです。

```
(1) Kyouka = [ "国語","社会","数学","理科","英語","情報"]
                ……………………………………………… 配列Kyoukaを定義（教科名を格納）
(2) Tensuu = [74,70,81,60,91,85] ……… 配列Tensuuを定義（試験の点数を格納）
(3) saikouten = -1 ……… saikoutenに-1を代入（その時点の最高点 初期値は-1）
(4) ichi = 0 ……………………… ichiに0を代入（その時点の最高点の位置（添字）を格納）
(5) i を 0 から length(Kyouka) - 1まで 1 ずつ増やしながら繰り返す:
         …… iを0から5まで1ずつ増やしながら(8)行目までの処理を繰り返す
(6) |  もし Tensuu[i] > saikouten ならば:
             ………… Tensuu[i]の値がその時点の最高点より大きければ「真」
(7) |  | saikouten = Tensuu[i] …… saikoutenの値を更新（最高点の更新処理）
(8) L  L  ichi = i ……………… 変数ichiに最高点の位置（添字）を格納
(9) 表示する("最高点は",Kyouka[ichi],"の",saikouten,"点です。")
             ………………………「最高点は○○（教科名）の○○点です。」と表示
```

図1　最高点とその教科名称を表示するプログラム（再掲）

繰り返し毎の各変数の内容をまとめると次のようになります。

※赤文字が値の更新タイミング

繰り返し	i	Tensuu[i]	(6)行目の判定 Tensuu[i] >saikouten	saikouten（更新後）	ichi
開始前	-	-	-	-1	-1
1周目	0	74	真 (74 > -1)	74	0
2周目	1	70	偽 (70 > 74)	74	0
3周目	2	81	真 (81 > 74)	81	2
4周目	3	60	偽 (60 > 81)	81	2
5周目	4	91	真 (91 > 81)	91	4
6周目	5	85	偽 (91 > 81)	91	4

問2

エ ～ キ

図2は、問1の最高点を求めるプログラムを修正して最低点を求めるようにしたプログラムです。プログラムの穴埋め部分は問1で答えた内容なので、変数に値をあてはめてトレースした内容を答える問題です。次のようなイメージです。

■ **Tensuu[0] とその時点の最低点 (saiteiten) との比較**

配列 **Tensuu** の先頭の要素 (添字 0) の値の 74 と変数 **saiteiten** の初期値である 999 を比較します。

74 の方が小さいのでその時点の最低点は 74 となり変数 **saiteiten** の値を更新します。

■ **Tensuu[1] とその時点の最低点 (saiteiten) との比較**

配列 Tensuu の 2 番目の要素 (添字 1) の値の 70 とその時点の最低点の 74 を比較します。

70 の方が小さいので、その時点の最低点は 70 となり変数 **saiteiten** の値を更新します。

この判定を配列 **Tensuu** の最後尾まで繰り返せば配列内で最も小さい数字が変数 **saiteiten** の値となります。

問1との違いは、(3) 行目でその時点の最低点を格納する変数 **saiteiten** の初期値に 999 を代入しています。また、(6) 行目の判定で判定対象の点数 **Tensuu[i]** と変数 **saiteiten** の値を比較し、判定対象の点数の方が小さければ、その時点の最低点を更新しています。

プログラムの説明は次の通りです。

---

(1) **Kyouka** = ["国語","社会","数学","理科","英語","情報"]
　　　　　　　　　　　　　　　　　　　　　　　　 配列Kyoukaを定義（教科名を格納）
(2) **Tensuu** = [74,70,81,60,91,85] ‥‥‥‥ 配列Tensuuを定義（試験の点数を格納）
(3) **saiteiten** = 999 ‥‥‥‥ saiteitenに999を代入（その時点の最低点　初期値は999）
(4) **ichi** = 0 ‥‥‥‥ ichiに0を代入（その時点の最低点の位置（添字）を格納）
(5) **i**を0から**length(Kyouka)** - 1まで1ずつ増やしながら繰り返す：
　　　　　　　‥‥‥‥ iを0から5まで1ずつ増やしながら(8)行目までの処理を繰り返す
(6) 　| 　もし **Tensuu[i]** < **saiteiten** ならば：
　　　　　　　‥‥‥‥ Tensuu[i]の値がその時点の最低点より小さければ「真」
(7) 　| 　| 　**saiteiten** = **Tensuu[i]** ‥‥‥ saiteitenの値を更新（最低点の更新処理）
(8) 　└ 　└ 　**ichi** = **i** ‥‥‥‥‥‥‥ 変数ichiに最低点の位置（添字）を格納
(9) 表示する("最低点は",**Kyouka[ichi]**,"の",**saiteiten**,"点です。")
　　　　　　　‥‥‥‥‥‥‥‥‥‥「最低点は○○（教科名）の○○点です。」と表示

図2　最低点とその教科名称を表示するプログラム（再掲）

繰り返し毎の各変数の内容をまとめると次のようになります。

※赤文字が値の更新タイミング

繰り返し	i	Tensuu[i]	(6)行目の判定 Tensuu[i]< saiteiten	saiteiten （更新後）	ichi
開始前	-	-	-	999	0
1周目	0	74	真 (74 < 999)	74	0
2周目	1	70	真 (70 < 74)	70	1
3周目	2	81	偽 (81 < 70)	エ 70	オ 1
4周目	3	60	真 (60 < 70)	60	3
5周目	4	91	偽 (91 < 60)	60	3
6周目	5	85	偽 (85 < 60)	カ 60	キ 3

よって、 **エ** は70、 **オ** は1、 **カ** は60、 **キ** は3となります。

解答：問1 **ア** ②　　 **イ** ⑤　　 **ウ** ⑦
　　　 問2 **エ** 70　　 **オ** 1　　 **カ** 60　　 **キ** 3

交換法（バブルソート）で試験の点数を並べ替えよう

Chapter3
3-7

キーワード 交換法、配列、要素数、入れ子式繰り返し文、親ループ、子ループ

目標解答時間：15分

問題

　試験の点数を交換法（バブルソート）で並べ替えるアルゴリズムおよびそのプログラムについて次の問い（問1〜問2）に答えなさい。

▶ 問1

　交換法（バブルソート）のアルゴリズムの説明を読み ア ～ エ に当てはまるものを解答群から選び番号で答えなさい。

　交換法（バブルソート）とは、配列の中の隣り合う2つの値について、大小の比較の判定をした結果に応じて交換処理を行い、それを繰り返す整列方法のことである。

　左から昇順（小さい順）に並べ替える場合の手順は次の通りである。
① 左から順に右隣の値と比較
② 左側の値が右側の値より大きければ交換する（「左側の値＞右側の値」ならば交換）
③ ①と②の処理を繰り返す

　たとえば、「4,2,1,3」を、左から昇順（小さい順）に、つまり「1,2,3,4」の順に並べ替える場合で考える。

4	2	1	3

■ 処理① 一番左の4とその右隣の2を比較する。「4 > 2」だから交換を行う。

■ 処理② 4とその右隣の1を比較する。「4 > 1」だから交換を行う。

■ 処理③ 4とその右隣の3を比較する。「4 > 3」だから交換を行う。
ここで最大値（一番右）が確定する。

■ 処理④ 先頭に戻り2とその右隣の1を比較する。「2 > 1」だから交換を行う。

■ 処理⑤ 2とその右隣の3を比較する。「2 < 3」だから交換は行わない。ここで
2番目に大きい値が確定する。

1	2	3	4
	確定	確定	

■ 処理⑥ 先頭に戻り1とその右隣の2を比較する。「1 < 2」だから交換は行わな
い。ここですべての比較が完了したので、昇順に並べ替えられたことになる。

1	2	3	4
確定	確定	確定	確定

次に、試験の点数「75,60,82,55」を左から昇順（小さい順）に並べ替える。

| 75 | 60 | 82 | 55 |

交換が行われるときの交換後の配列の内容を表すと次の通りとなる。

順番	1番目	2番目	3番目	4番目
整列前	75	60	82	55
交換1回目			ア	
交換2回目			イ	
交換3回目			ウ	
交換4回目			エ	

解答群

❶ | 55 | 60 | 75 | 82 |

❷ | 60 | 55 | 75 | 82 |

❸ | 60 | 75 | 55 | 82 |

❹ | 60 | 75 | 82 | 55 |

▶ 問2

 オ ～ ス に当てはまるものを解答群から選び番号で答えなさい。なお、同じ選択肢を複数回用いてもよい。

　問1で説明した交換法（バブルソート）をプログラムで表すと次のようになる。ここでは、「80,59,49」を昇順に並べ替えるものとする。プログラムでは、次の関数を用いる。

【関数の説明】

関数	説明
length(配列)	引数に指定された配列の要素数を返す関数

```
(1) Tensuu = [80,59,49]
(2) n = length(Tensuu)
(3) i を n - 2 から 0 まで 1 ずつ減らしながら繰り返す:
(4) │ k を 0 から i まで 1 ずつ増やしながら繰り返す:
(5) │ │ もし Tensuu [k] > Tensuu [k + 1] ならば:
(6) │ │ │ temp = Tensuu [k]
(7) │ │ │ Tensuu [k] = Tensuu [k + 1]
(8) └ └ └ Tensuu [k + 1] = temp
(9) 表示する(Tensuu)
```

図1　交換法（昇順）のプログラム

実践的な長文問題に挑戦！

　このプログラムを実行したとき (5) 行目の処理判定の時点において、繰り返し処理毎の変数の値および判定結果は次のようになった。

親ループ	子ループ	i	k	Tensuu[k]	Tensuu[k+1]	Tensuu[k] > Tensuu[k+1]
1周目	1周目	1	0	オ	カ	キ
	2周目	1	1	ク	ケ	コ
2周目	1周目	0	0	サ	シ	ス

解答群　❶ 49　　❷ 59　　❸ 80　　❹ 真（交換あり）　　❺ 偽（交換無し）

▶ 解答への思考プロセス

問1

 ～

 この問題はプログラムではないですね。でも、4つの値を並べ替えるだけでも結構複雑ですね…。

 そうですね。この問題は問題文内にある「交換法（バブルソート）」のアルゴリズムを理解したうえで「75,60,82,55」を昇順（数の小さい順）に並べ替える問題です。人間にとっては少し複雑ですが、コンピュータはあっという間にやってしまいます。処理を順番に追っていきましょう。

75	60	82	55

■　処理①　一番左の75とその右隣の60を比較する。「75 > 60」だから交換を行う。

75	60	82	55	→ 交換	60	75	82	55

■　処理②　75とその右隣の82を比較する。「75 < 82」だから交換は行わない。

60	75	82	55

■ 処理③　82とその右隣の55を比較する。「82 > 55」だから交換を行う。ここで最大値（一番右）が確定する。

■ 処理④　先頭に戻り60とその右隣の75を比較する。「60 < 75」だから交換は行わない。

■ 処理⑤　75とその右隣の55を比較する。「75 > 55」だから交換を行う。ここで二番目に大きな値が確定する。

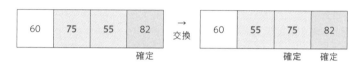

■ 処理⑥　先頭に戻り60とその右隣の55を比較する。「60 > 55」だから交換を行う。ここですべての比較が完了したので、昇順に並べ替えられたことになる。

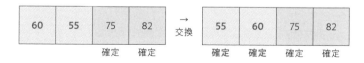

交換が行われたタイミングをまとめると次のようになります。

順番	解答	1番目	2番目	3番目	4番目
整列前	-	75	60	82	55
交換1回目	ア ④	60	75	82	55
交換2回目	イ ③	60	75	55	82
交換3回目	ウ ②	60	55	75	82
交換4回目	エ ①	55	60	75	82

問2

 この問題はプログラムのコードは与えられているので、問1のアルゴリズムを思い出しながら、地道に変数に値をあてはめながら解けばなんとかなりそうです！

 良い解き方です！　アルゴリズムの内容を理解したうえで、変数に値をあてはめながら処理を追うことは大学入学共通テストでも大切な力です。それでは、繰り返しの処理を順番に追っていきましょう。

■ 親ループ1周目 (i=1)

■■ 子ループ1周目 (k=0)

	k	k+1	
添字	0	1	2
要素	80	59	49

```
(1) Tensuu = [80,59,49] ············································ 配列Tensuuを定義
(2) n = length(Tensuu) ····························· nに配列Tensuuの要素数の3を代入
(3) i を n - 2 から 0 まで 1 ずつ減らしながら繰り返す:
               ············· iに1を代入（iを1から0まで1ずつ減らしながら繰り返す）
(4)   | k を 0 から i まで 1 ずつ増やしながら繰り返す:
               ············ kに0を代入（kを0から1まで1ずつ増やしながら繰り返す）
(5)   | | もし Tensuu [k] > Tensuu [k + 1] ならば:
               ·················· Tensuu[0]は80、Tensuu[1]は59
                                 80>59は「真」なので交換処理を行う
(6)   | | | temp = Tensuu [k] ···················· tempに80を代入
(7)   | | | Tensuu [k] = Tensuu [k + 1] ········· Tensuu[0]に59を代入
(8)   L L L Tensuu [k + 1] = temp ········· Tensuu[1]に80を代入（交換完了）
(9) 表示する(Tensuu) ··································· ※実行されない
```

(6)行目から(8)行目の交換処理は次のようなイメージです。

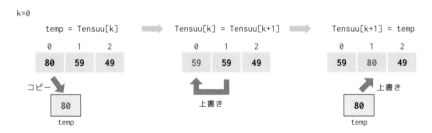

■■ 子ループ2周目 (k=1)

	k	k+1
添字	0	1	2
要素	59	80	49

```
(1) Tensuu = [80,59,49] ················································· ※実行されない
(2) n = length(Tensuu) ················································· ※実行されない
(3) i を n - 2 から 0 まで 1 ずつ減らしながら繰り返す:······· ※実行されない
(4)  |  k を 0 から i まで 1 ずつ増やしながら繰り返す:······· ※実行されない
(5)  |  |  もし Tensuu [k] > Tensuu [k + 1] ならば:············ Tensuu[1]は80、
                                                              Tensuu[2]は49
                                          80>49は「真」なので交換処理を行う
(6)  |  |  | temp = Tensuu [k] ···································· tempに80を代入
(7)  |  |  | Tensuu [k] = Tensuu [k + 1] ················· Tensuu[1]に49を代入
(8)  L  L  L Tensuu [k + 1] = temp ········· Tensuu[2]に80を代入（交換完了）
(9) 表示する(Tensuu) ·············································· ※実行されない
```

■ 親ループ2周目 (i=0)

■■ 子ループ1周目 (k=0)

	k	k+1	
添字	0	1	2
要素	59	49	80

```
(1) Tensuu = [80,59,49] ················································· ※実行されない
(2) n = length(Tensuu) ················································· ※実行されない
(3) i を n - 2 から 0 まで 1 ずつ減らしながら繰り返す:
         ················ iに0を代入（iを1から0まで1ずつ減らしながら繰り返す）。
                         n-2は右端から2番目の添字を意味する。
(4)  |  k を 0 から i まで 1 ずつ増やしながら繰り返す:
         ················ kに0を代入（kを0から1まで1ずつ増やしながら繰り返す）
(5)  |  |  もし Tensuu [k] > Tensuu [k + 1] ならば:
         ················ Tensuu[0]は59、Tensuu[1]は49
                         59>49は「真」なので交換処理を行う
(6)  |  |  | temp = Tensuu [k] ···································· tempに59を代入
(7)  |  |  | Tensuu [k] = Tensuu [k + 1] ················· Tensuu[0]に49を代入
(8)  L  L  L Tensuu [k + 1] = temp ········· Tensuu[1]に59を代入（交換完了）
(9) 表示する(Tensuu) ············································ [49,59,80]を表示
```

まとめると次のようになります。

親ループ	子ループ	i	k	Tensuu[k]	Tensuu[k + 1]	Tensuu[k] > Tensuu[k + 1]
1周目	1周目	1	0	オ ③80	カ ②59	キ ④真（交換あり）
	2周目	1	1	ク ③80	ケ ①49	コ ④真（交換あり）
2周目	1周目	0	0	サ ②59	シ ①49	ス ④真（交換あり）

交換法 (バブルソート) について理解できました！

 なお、(3)行目で「n - 2」と「-2」をしているのは、2つの要素の交換において、左側の要素の添字が「i」、右側の要素の添字が「i + 1」となるためです。
「n - 1」とすれば配列の添字の最大値である「2」と一致しますが、最後の交換は右端から2番目の添字 (つまり「1」) を指定する必要があるため「要素数 - 2」をする必要があります。

解答：問1 　 ア ④ 　 イ ③ 　 ウ ② 　 エ ①
　　　問2 　 オ ③ 　 カ ② 　 キ ④ 　 ク ③ 　 ケ ①
　　　　　　 コ ④ 　 サ ② 　 シ ① 　 ス ④

3-8 選択法で試験の点数を並べ替えよう

Chapter3

キーワード 選択法、配列、要素数、入れ子式繰り返し文、親ループ、子ループ

目標解答時間：15分

問題

　試験の点数を選択法で並べ替えるアルゴリズムおよびそのプログラムについて次の問い（問1～問2）に答えなさい。

▶ 問1

　選択法のアルゴリズムの説明を読み ア ～ エ に当てはまるものを解答群から選び番号で答えなさい。

　選択法とは、配列の一番左か一番右を「先頭」と決め、先頭の要素とほかの要素を順に比較していき、入れ替える処理を繰り返すことで順序を確定していく整列方法のことである。
　先頭の値が確定したあとは、先頭位置をずらして比較処理を繰り返す。
　今回は、「先頭の値＞比較先の値」ならば交換を行い、左から昇順（小さい順）に並べ替える。

　たとえば、「4,2,1,3」を、左から昇順に、つまり「1,2,3,4」の順に並べ替える場合で考える。

■ 処理①　一番左を先頭と定める。先頭の4とその右隣の2を比較する。「4 > 2」だから交換を行う。

■ 処理②　先頭の2とそこから2つ右にある1を比較する。「2 > 1」だから交換を行う。

■ 処理③　先頭の1とそこから3つ右の3を比較する。「1 < 3」だから交換は行わない。ここで最小値（一番左）が確定する。

■ 処理④　先頭を1つ右にずらし、左から2番目を先頭とする。
先頭の4とその右隣の2を比較する。「4 > 2」だから交換を行う。

■ 処理⑤　先頭の2とそこから2つ右の3を比較する。「2 < 3」だから交換は行わない。ここで2番目に小さい値（左から2番目）が確定する。

■ 処理⑥　　先頭を1つ右にずらし、左から3番目を先頭とする。

先頭の4とその右隣の3を比較する。「4 > 3」だから交換を行う。

交換後すべての並べ替えが完了する。

次に、試験の点数「75,60,82,55」を、選択法を使って左から昇順（小さい順）に並べ替える。

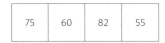

交換が行われるときの交換後の配列の内容を表すと次の通りとなる。

順番	1番目	2番目	3番目	4番目
整列前	75	60	82	55
交換1回目		ア		
交換2回目		イ		
交換3回目		ウ		
交換4回目		エ		

解答群

❶ | 55 | 75 | 82 | 60 |
❷ | 60 | 75 | 82 | 55 |

❸ | 55 | 60 | 75 | 82 |
❹ | 55 | 60 | 82 | 75 |

▶ **問2**

　オ　～　ス　に当てはまるものを解答群から選び番号で答えなさい。なお、同じ選択肢を複数回用いてもよい。

問1で説明した選択法をプログラムで表すと次のようになる。ここでは、「80,59,49」を昇順に並べ替えるものとする。

プログラムでは、次の関数を用いる。

【関数の説明】

関数	説明
length(配列)	引数に指定された配列の要素数を返す関数

```
(1) Tensuu = [80,59,49]
(2) n = length(Tensuu)
(3) h を 0 から n - 2 まで 1 ずつ増やしながら繰り返す:
(4) │ m を h + 1 から n - 1 まで 1 ずつ増やしながら繰り返す:
(5) │ │ もし Tensuu [h] > Tensuu [m] ならば:
(6) │ │ │ temp = Tensuu [h]
(7) │ │ │ Tensuu [h] = Tensuu [m]
(8) └ └ └ Tensuu [m] = temp
(9) 表示する(Tensuu)
```

図1　選択法（昇順）のプログラム

　このプログラムを実行したとき(5)行目の処理判定の時点において、繰り返し処理毎の変数の値および判定結果は次のようになった。

親ループ	子ループ	h	m	Tensuu[h]	Tensuu[m]	Tensuu[h] > Tensuu[m]
1周目	1周目	0	1	オ	カ	キ
	2周目	0	2	ク	ケ	コ
2周目	1周目	1	2	サ	シ	ス

 解答群 ❶ 49　❷ 59　❸ 80　❹ 真（交換あり）　❺ 偽（交換無し）

問1

ア 〜 エ

この選択法は、前回の交換法と同じ結果が得られますが、アルゴリズムが違うので解き方を間違えないように注意が必要ですね。

そうですね。この問題も問題文内にある「選択法」のアルゴリズムを理解したうえで、「75,60,82,55」を昇順(数の小さい順)に並べ替える問題です。処理を順番に追っていきましょう。

| 75 | 60 | 82 | 55 |

■ 処理① 　一番左を先頭と定める。先頭の75とその右隣の60を比較する。「75 > 60」だから交換を行う。

先頭

| 75 | 60 | 82 | 55 | →
交換 | 60 | 75 | 82 | 55 |

■ 処理② 　先頭の2とそこから2つ右にある82を比較する。「60 < 82」だから交換は行わない。

先頭

| 60 | 75 | 82 | 55 |

■ 処理③ 　先頭の60とそこから3つ右の55を比較する。「60 > 55」だから交換を行う。ここで最小値(一番左)が確定する。

先頭

| 60 | 75 | 82 | 55 | →
交換 | 55 | 75 | 82 | 60 |

確定

■ 処理④ 　先頭を1つ右にずらし、左から2番目を先頭とする。先頭の75とその右隣の82を比較する。「75 < 82」だから交換は行わない。

150

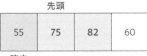

■ **処理⑤** 先頭の75とそこから2つ右の60を比較する。「75 > 60」だから交換を行う。ここで2番目に小さい値（左から2番目）が確定する。

■ **処理⑥** 先頭を1つ右にずらし、左から3番目を先頭とする。先頭の82とその右隣の75を比較する。「82 > 75」だから交換を行う。交換後すべての並べ替えが完了する。

交換が行われるタイミングをまとめると次のようになります。

順番	解答	1番目	2番目	3番目	4番目
整列前	-	75	60	82	55
交換1回目	ア ②	**60**	**75**	82	55
交換2回目	イ ①	**55**	75	82	**60**
交換3回目	ウ ④	55	**60**	82	**75**
交換4回目	エ ③	55	60	**75**	**82**

問2

h,m,nと3つも変数が出てきて頭が混乱しそうです…。

この問題も前回の交換法と同じく、アルゴリズムの内容を理解したうえで、変数に値をあてはめながら繰り返しの処理を順番に追っていきましょう。

■ 親ループ1周目 (h=0)
■■ 子ループ1周目 (m=1)

添字	h 0	m 1	2
要素	80	59	49

```
(1) Tensuu = [80,59,49] ···························· 配列Tensuuを定義
(2) n = length(Tensuu) ···························· nに配列Tensuuの要素数の3を代入
(3) h を 0 から n - 2 まで 1 ずつ増やしながら繰り返す:
                ············· hに0を代入（hを0から1まで1ずつ増やしながら繰り返す）
(4)   │ m を h + 1 から n - 1 まで 1 ずつ増やしながら繰り返す:
                ············· mに1を代入（mを1から2まで1ずつ増やしながら繰り返す）
(5)   │ │ もし Tensuu [h] > Tensuu [m] ならば:
                ············· Tensuu[0]は80、Tensuu[1]は59
                            80>59は「真」なので交換処理を行う
(6)   │ │ │ temp = Tensuu [h] ···························· tempに80を代入
(7)   │ │ │ Tensuu [h] = Tensuu [m] ···························· Tensuu[0]に59を代入
(8)   L L L Tensuu [m] = temp ············· Tensuu[1]に80を代入（交換完了）
(9) 表示する(Tensuu) ···························· ※実行されない
```

図1　選択法（昇順）のプログラム（再掲）

(6)行目から(8)行目の交換処理は次のようなイメージです。

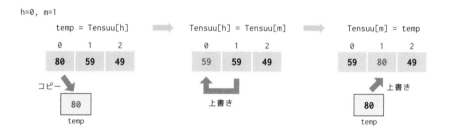

■■ 子ループ2周目 (h=0,m=2)

添字	h 0	1	m 2
要素	59	80	49

```
(1) Tensuu = [80,59,49] ···························· ※実行されない
(2) n = length(Tensuu) ···························· ※実行されない
(3) h を 0 から n - 2 まで 1 ずつ増やしながら繰り返す: ······ ※実行されない
(4)   │ m を h + 1 から n - 1 まで 1 ずつ増やしながら繰り返す:
                ············· mに2を代入（mを1から2まで1ずつ増やしながら繰り返す）
```

```
(5)  |  |  もし Tensuu [h] > Tensuu [m] ならば: ········· Tensuu[0]は59、Tensuu[2]は49
                                                    59>49は「真」なので交換処理を行う
(6)  |  |  |  temp = Tensuu [h] ················ tempに59を代入
(7)  |  |  |  Tensuu [h] = Tensuu [m] ········ Tensuu[0]に49を代入
(8)  L  L  L  Tensuu [m] = temp ················ Tensuu[2]に59を代入（交換完了）
(9)  表示する(Tensuu) ····························· ※実行されない
```

■ 親ループ2周目 (h=1)
■■子ループ1周目 (m=2)

		h	m
添字	0	1	2
要素	49	80	59

```
(1) Tensuu = [80,59,49] ················································· ※実行されない
(2) n = length(Tensuu) ·················································· ※実行されない
(3) h を 0 から n - 2 まで 1 ずつ増やしながら繰り返す:
                  ················ hに1を代入（hを0から1まで1ずつ増やしながら繰り返す）
(4)  | m を h + 1 から n - 1 まで 1 ずつ増やしながら繰り返す:
                  ················ mに2を代入（mを2から2まで1ずつ増やしながら繰り返す）
(5)  |  |  もし Tensuu [h] > Tensuu [m] ならば:
                                    ·········· Tensuu[1]は80、Tensuu[2]は59
                                                80>59は「真」なので交換処理を行う
(6)  |  |  |  temp = Tensuu [h] ················ tempに80を代入
(7)  |  |  |  Tensuu [h] = Tensuu [m] ········ Tensuu[1]に59を代入
(8)  L  L  L  Tensuu [m] = temp ················ Tensuu[2]に80を代入（交換完了）
(9)  表示する(Tensuu) ················ [49,59,80]と表示
```

まとめると次のようになります。

親ループ	子ループ	h	m	Tensuu[h]	Tensuu[m]	Tensuu[h] > Tensuu[m]
1周目	1周目	0	1	**オ** ③80	**カ** ②59	**キ** ④真（交換あり）
	2周目	0	2	**ク** ②59	**ケ** ①49	**コ** ④真（交換あり）
2周目	1周目	1	2	**サ** ③80	**シ** ②59	**ス** ④真（交換あり）

選択法について理解できました！

解答：問1　**ア** ②　　**イ** ①　　**ウ** ④　　**エ** ③
　　　問2　**オ** ③　　**カ** ②　　**キ** ④　　**ク** ②　　**ケ** ①
　　　　　　コ ④　　**サ** ③　　**シ** ②　　**ス** ④

エレベータに何回で乗れるかシミュレーションしよう

キーワード 配列、関数、要素数、条件分岐文、繰り返し文

目標解答時間：10分

問題

エレベータの往復回数を求めるプログラムについて次の問い（問1〜問2）に答えなさい。

▶ 問1

次のプログラム中の ア ～ ウ に当てはまるものを解答群から選び番号で答えなさい。

エレベータに搭乗する人の体重（単位はkg）が格納されている配列 **Weight** がある。

配列：Weight

1人目	2人目	3人目	4人目	5人目	6人目	7人目	8人目	9人目
50	69	40	60	46	80	46	99	89

積載重量は200kgとして積載重量を超える場合は、次のエレベータに乗ることになる。たとえば、上記の例だと3人目までの合計体重は159kgだが、4人目は159 + 60 = 219kgとなり積載重量を超えるため、4人目は次のエレベータに乗ることになる。プログラムの内容は以下の通りである。

【プログラムの内容】
- ・積載重量は変数 **sekisai** に格納する。
- ・今エレベータに乗っている人の重さの合計値(kg)は変数 **goukei** に格納する。
- ・エレベータ台数は1台として配列の最後の人がエレベータに乗れるまで何往復必要かを出力する。

プログラムでは、次の関数を用いる。

【関数の説明】

関数	説明
length(配列)	引数に指定された配列の要素数を返す関数

```
(1)  Weight = [50,69,40,60,46,80,46,99,89]
(2)  sekisai = 200   #積載重量(kg)
(3)  goukei = 0
(4)  count = 0
(5)  i を 0 から length(Weight)- 1 まで 1 ずつ増やしながら繰り返す:
(6)  | goukei =  ア
(7)  | もし goukei  イ  sekisai ならば:
(8)  | | goukei =  ウ
(9)  L L count = count + 1
(10) 表示する("全員移動するには",count,"往復必要です。")
```

図1　全員移動するのに何往復必要かを表示するプログラム

実行結果 　全員移動するには 3 往復必要です。

ア ・ ウ の解答群
❶ goukei 　　　　❷ goukei + Weight[i]
❸ Weight[i] 　　 ❹ 0

イ の解答群　❶ == 　❷ != 　❸ > 　❹ >= 　❺ < 　❻ <=

▶ 問2

エ ～ キ に当てはまる数字を答えなさい。

問1のプログラムを実際に動かして各変数の値や判定結果がどのように変化する
かをトレースしてみることにした。

```
(1)  Weight = [50,69,40,60,46,80,46,99,89]
(2)  sekisai = 200   #積載重量(kg)
(3)  goukei = 0
(4)  count = 0
(5)  i を 0 から length(Weight)- 1 まで 1 ずつ増やしながら繰り返す:
(6)  | goukei =  ア
(7)  | もし goukei  イ  sekisai ならば:
(8)  | | goukei =  ウ
(9)  L L count = count + 1
(10) 表示する("全員移動するには",count,"往復必要です。")
```

図1　全員移動するのに何往復必要かを表示するプログラム (再掲)

実行結果 　全員移動するには 3 往復必要です。

このプログラムを実行したとき各繰り返し処理の終了時点において、変数の値は次のようになった。

繰り返し	i	goukei (繰り返し終了時)	count (繰り返し終了時)
1周目	0	50	0
2周目	1		
3周目	2		
4周目	3	エ	オ
5周目	4		
6周目	5		
7周目	6		
8周目	7		
9周目	8	カ	キ

※網掛け部分には本来は数字が入る。

▶ 解答への思考プロセス

問1

| ア |

図1のプログラムの(6)行目は変数**goukei**の更新処理なので「今エレベータに乗っている人の重さの合計値(kg)は変数**goukei**に格納する」というのがヒントになりそうですね。

そうですね。配列**Weight**の1人目から順番にエレベータに乗り込んでいきます。いつも通り注意すべきなのは、人数は「1」人目から数えますが、添字は「0」から始まることです。たとえば、1人目の体重は**Weight[0]**、2人目は**Weight[1]**となります。

配列：Weight

人数	1人目	2人目	3人目	4人目	5人目	6人目	7人目	8人目	9人目
添字	0	1	2	3	4	5	6	7	8
要素	50	69	40	60	46	80	46	99	89

人数分繰り返していることから、1回の繰り返し処理が1人の搭乗処理になります。エレベータに乗っている人の合計の重さは1周目：50kg→2周目：50kg＋69kg＝119kg…となります。現時点の搭乗している人の合計の重さが変数**goukei**に保持されているので、それにこれから乗る人の重さ(**Weight[i]**)を足してあげれば良いことになります。

よって、| ア | の正答は②の「goukei + Weight[i]」になります。

(7)行目の 　**イ**　 は比較演算子を答える問題です。(9)行目で往復回数の表示に使う変数countの値をカウントアップしていることから、積載重量を超えたときの処理ではないかと推測ができます。

問題文の「積載重量は200kgとして積載重量を超える場合は、次のエレベータに乗ることになる」が対応しています。つまり、今乗った人を含めた乗客全員の重さの合計値(変数goukei)が200kg(変数sekisai)を超えていないかを判定します。

解答群にある演算子をあてはめると次の意味になります。

	演算子	条件式	説明
①	==	goukei == sekisai	乗客全員の重さの合計値が200kgならば真
②	!=	goukei != sekisai	乗客全員の重さの合計値が200kgでなければ真
③	>	goukei > sekisai	乗客全員の重さの合計値が200kgより大きければ真
④	>=	goukei >= sekisai	乗客全員の重さの合計値が200kg以上ならば真
⑤	<	goukei < sekisai	乗客全員の重さの合計値が200kgより小さければ真
⑥	<=	goukei <= sekisai	乗客全員の重さの合計値が200kg以下ならば真

乗客全員の重さの合計値が200kgより大きければ次のエレベータに乗る処理を行います。よって、　**イ**　 の正答は③の「>」となります。

ウ

(8)行目も変数**goukei**の更新処理ですが、積載重量をオーバした人の処理内なので次のエレベータに乗る処理というイメージでしょうか。

そのイメージで大丈夫です。次のエレベータにはまだ誰も載っていないので、1人目ということになります。つまり、積載重量をオーバした人が次のエレベータの1人目なので、変数**goukei**にそのままその人の体重を格納すればよいことになります。

よって、　**ウ**　 の正答は③の「Weight[i]」となります。

　ア　 ～ 　**ウ**　 の解答をあてはめたプログラムの説明は次の通りです。

```
(1)  Weight = [50,69,40,60,46,80,46,99,89] ················· 配列Weightを定義
(2)  sekisai = 200  #積載重量(kg) ··········· 変数sekisaiに200を代入（積載重量）
(3)  goukei = 0
             ················· 変数goukeiに0を代入（エレベータに搭乗した人の体重の合計値）
(4)  count = 0 ··············· 変数countに0を代入（エレベータの往復回数）
(5)  i を 0 から length(Weight)- 1 まで1ずつ増やしながら繰り返す:
             ················· iを0(配列の先頭)から8（配列の最後）まで1ず
                             つ増やしながら(9)行目までの処理を繰り返す
(6)  | goukei = goukei + Weight[i] ··· 変数goukeiに今搭乗した人の体重を加算
(7)  | もし goukei > sekisai ならば: ······· 搭乗者の合計体重が積載重量(200kg)
                                           を超えたら「真」
(8)  |  | goukei = Weight[i] ················ 重量オーバした人が次のエレベータ
                                           の1人目として搭乗する処理
```

(9) └ └ **count** = **count** + 1 ················ 往復回数を1カウントアップ
(10) 表示する("全員移動するには",count,"往復必要です。")
················ 「全員移動するには〇往復必要です。」と表示 (※〇には往復回数が入る)

図1 全員移動するのに何往復必要かを表示するプログラム (再掲)

値をあてはめて追う処理は問2で行います。

問2

この問題では、実際に変数に値をあてはめて、プログラムを正しく追うトレース力が問われています。最後の9周目までの繰り返し毎の各変数の内容をまとめると次のようになります。

繰り返し	i	(6)行目 goukei	(7)行目の判定 goukei > sekisai	goukei (繰り返し終了時)	count (繰り返し終了時)
1周目	0	50(0+50)	偽 (50 > 200)	50	0
2周目	1	119(50+69)	偽 (119 > 200)	119	0
3周目	2	159(119+40)	偽 (159 > 200)	159	0
4周目	3	219(159+60)	真 (219 > 200)	エ 60	オ 1
5周目	4	106(60+46)	偽 (106 > 200)	106	1
6周目	5	186(106+80)	偽 (186 > 200)	186	1
7周目	6	232(186+46)	真 (232 > 200)	46	2
8周目	7	145(46+99)	偽 (145 > 200)	145	2
9周目	8	234(145+89)	真 (234 > 200)	カ 89	キ 3

重要なポイントとしては、(7)行目の判定が真となるタイミングで変数goukeiの値が重量オーバーとなった人の体重の値になることと変数countがカウントアップされることです。

よって、 エ は60、 オ は1、 カ は89、 キ は3となります。

解答：問1 ア ② イ ③ ウ ③
問2 エ 60 オ 1 カ 89 キ 3

Chapter3
3-10

消費税の計算を行う 関数を作成しよう

キーワード ユーザ定義関数、配列、要素数、繰り返し文、外部からの入力、条件分岐文

目標解答時間：10分

問題

消費税を求めるプログラムについて次の問い（問1〜問2）に答えなさい。

▶ 問1

次の ア ～ ウ に当てはまるものを解答群から選び番号で答えなさい。

【プログラムの内容】

- ・配列 Foods には食品名、配列 Prices には食品の値段が格納されている。
- ・各食品の消費税を計算し配列 Tax に各食品の消費税額を格納する。
- ・配列 Foods と配列 Prices と配列 Tax の要素の並び順は対応している。
- ・関数 shouhizei は引数として渡された値段の消費税を返すユーザ定義関数である。
- ・消費税率は変数 ritsu に格納し10%とする。

10%は0.1として計算する。 たとえば、200円の牛乳の消費税は「200 × 0.1」を計算して「20円」となる。

プログラムでは、次の2つの関数（組み込み関数・ユーザ定義関数）を用いる。

【関数（組み込み関数）の説明】

関数	説明
length(配列)	引数に指定された配列の要素数を返す関数

【ユーザ定義関数の定義】

```
(1) shouhizei(price):
(2) │ ritsu = 0.1
(3) │ kekka =  ［ ア ］
(4) └ kekkaを返す
```

図1　消費税計算を行うユーザ定義関数

【プログラム本体（関数を呼び出す側）】

```
(1) Foods = ["牛乳", "食パン", "キャベツ", "トマト"]
(2) Prices = [200, 150, 100, 250]
(3) Tax = [0, 0, 0, 0]
(4) iを0からlength(Foods)-1まで1ずつ増やしながら繰り返す:
(5) └ ［ イ ］ = shouhizei( ［ ウ ］ )
(6) 表示する(Foods)
(7) 表示する(Prices)
(8) 表示する(Tax)
```

図2　商品ごとの消費税の計算結果を表示するプログラム

ア の解答群　❶ price * ritsu　❷ price / ritsu　❸ ritsu　❹ kekka * ritsu

イ ・ ウ の解答群　❶ ritsu　❷ Foods[i]　❸ Prices[i]　❹ Tax[i]

▶ 問2

　次のプログラム中の ［ エ ］ ・ ［ オ ］ に当てはまるものを解答群から選び番号で答えなさい。

　問1のプログラムを改良して消費税率を「10%」と「8%」から選べるようにした。

【プログラムの追加内容】

・「消費税率10%の場合は0、消費税率8%の場合は1を入力してください。」と表示し、0を入力した場合は消費税率10%が適用され、1を入力した場合は消費税率8%が適用される。

・関数shouhizeiの引数を一つ増やし、ユーザが入力した値によって消費税率を変更する。なお、0と1以外の数字は入力されないものとする。

【ユーザ定義関数の定義】

```
(1)  shouhizei(price, kubun):
(2)  | もし  エ  == 1 ならば:
(3)  | └ ritsu = 0.08
(4)  | もし  エ  == 0 ならば:
(5)  | └ ritsu = 0.1
(6)  | kekka =  ア
(7)  └ kekkaを返す
```

図3　消費税率を10%と8%から選べるようにしたユーザ定義関数

【プログラム本体（関数を呼び出す側）】

```
(1)   Foods = ["牛乳", "食パン", "キャベツ", "トマト"]
(2)   Prices = [200, 150, 100, 250]
(3)   Tax = [0, 0, 0, 0]
(4)   表示する("消費税率10%の場合は0、消費税率8%の場合は1を入力してください。")
(5)   user_input = 【外部からの入力】
(6)   iを0からlength(Foods)-1まで1ずつ増やしながら繰り返す:
(7)   └  イ  = shouhizei(  ウ  ,  オ  )
(8)   表示する(Foods)
(9)   表示する(Prices)
(10)  表示する(Tax)
```

図4　商品ごとの消費税の計算結果を表示するプログラム

※　 ア 〜 ウ は問1と同じ

【 エ の解答群】 ❶ user_input ❷ ritsu ❸ kubun ❹ price

【 オ の解答群】 ❶ user_input ❷ Foods[i] ❸ Prices[i] ❹ Tax[i]

▶ 解答への思考プロセス

問1

 ア

「ユーザ定義関数」って前に習った気がしますが、忘れてしまいました…。どんなものだったでしょうか？

ユーザが独自に関数の処理の中身を定義できるのがユーザ定義関数です（p.57参照）。今回の関数shouhizeiは、呼び出し元であるプログラム本体から渡された商品の値段の消費税を求めて、結果を戻り値として呼び出し元に返す関数です。たとえば、消費税率10%として引数に牛乳の値段の200(円)を渡した場合は、戻り値とし

て 20(円)が返されます。次のようなイメージです。

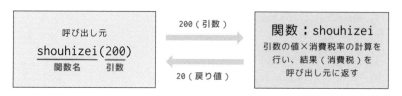

関数の定義が「**shouhizei(price):**」なので、関数の呼び出し元から受け渡される値は変数**price**に格納されます。消費税率は(2)行目で変数**ritsu**に格納されます。つまり、変数**ritsu**と変数**price**の積が消費税となります。よって、 ア の正答は①の「price * ritsu」となります。

 · ウ

 配列**Foods**の要素数分、すなわち4回(5)行目の処理が繰り返されます。

(5)行目の「 イ = shouhizei(ウ)」では、 イ は関数 **shouhizei** の戻り値の格納先、 ウ は引数が問われています。配列 **Prices** に格納されている各商品の値段を引数として、関数 **shouhizei** に受け渡し、返された消費税を配列 **Tax** に格納します。

配列：Prices

200	150	100	250

配列：Tax

20	15	10	25

処理対象は添字が**i**の要素なので、関数**shouhizei**の引数として指定する値は**Prices[i]**です。また、その戻り値を格納する場所は配列**Tax**の添字が**i**の要素なので、**Tax[i]**です。よって、 イ の正答は④の「Tax[i]」、 ウ の正答は③の「Prices[i]」となります。

繰り返し処理の1周目(i=0)についてのイメージは次のようになります。

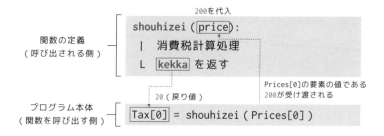

実際に変数に値をあてはめて処理を追っていきましょう。

【プログラム本体（関数を呼び出す側）】

(4) iを0から**length(Foods)-1**まで1ずつ増やしながら繰り返す： ········ ①iに0を代入

(5) └ Tax[i] = shouhizei(Prices[i])

················· ②関数shouhizei(Prices[i])の引数Prices[i]は、Prices[0]=200
として関数shouhizeiを呼び出す→【ユーザ定義関数の定義】へ
⑦戻り値の20を配列Taxの添字0の要素へ格納

【ユーザ定義関数の定義】

(1) **shouhizei(price)**: ················· ③priceに受け渡された200を代入

(2) │ ritsu = 0.1 ················· ④ritsuに0.1(10%)を代入

(3) │ kekka = price * ritsu ········ ⑤200×0.1の計算結果の20を変数kekkaに代入

(4) └ kekkaを返す ················· ⑥変数kekkaの値である20を呼び出し元に返す
→【プログラム本体】へ戻る（⑦の処理）

図1 消費税計算を行うユーザ定義関数（再掲）

 イメージができました！

問2

エ

 図3のプログラムでは、関数 **shouhizei** の引数が1つ増えていることに注目しましょう。これは、「関数**shouhizei**の引数を一つ増やし、ユーザが入力した値によって消費税率を変更する」の部分が対応しています。

また、関数のプログラムの(2)行目の「　**エ**　 == 1」の結果が「真」ならば消費税率が8%(0.08)が適用されます。これは「1を入力した場合は消費税率8%が適用される」の部分が対応しています。ユーザが入力した値（消費税の区分）が引数**kubun**に代入されるので、その値を判定しています。よって、　**エ**　の正答は③の「kubun」になります。

オ

 関数 **shouhizei** の2つ目の引数を答える問題です。

先ほど、　**エ**　の解説中で説明した通り、関数の定義側ではユーザが入力した値（区分値）によって消費税率を決めています。ユーザが入力した値を引数として受け渡す必要があるので、　**オ**　にはユーザが入力した値が入ると推測できます。(5)行目の「user_input =【外部からの入力】」でユーザが入力した消費税の区分を変数**user_input**に代入しています。それを引数として指定すればよいので　**オ**　の正答は①の「user_input」になります。

ユーザが「1」（消費税率8%）を入力した場合の、繰り返し処理の1周目(i=0)についてのイメージは次のようになります。

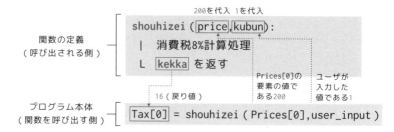

200を代入　1を代入

shouhizei (|price|,|kubun| **) :**

| 　消費税8%計算処理

L 　|kekka| **を返す**

関数の定義（呼び出される側）

Prices[0]の要素の値である200　ユーザが入力した値である1

16（戻り値）

プログラム本体（関数を呼び出す側）

Tax[0] = shouhizei (Prices[0],user_input)

実際に変数に値をあてはめて処理を追っていきましょう。

■ 繰り返し1周目 (i=0)、ユーザが「1」(税率8%) を入力

【プログラム本体（関数を呼び出す側）】

```
(1) Foods = ["牛乳", "食パン", "キャベツ", "トマト"]
                                        配列Foodsを定義（食品の名前）
(2) Prices = [200, 150, 100, 250]        配列Pricesを定義（食品の値段）
(3) Tax = [0, 0, 0, 0]                    配列Taxを定義（食品の消費税）
(4) 表示する("消費税率10%の場合は0、消費税8%の場合は1を入力してください。")
                            「消費税率10%の場合は0、消費税8%の場合は1を入力
                            してください。」を表示
(5) user_input = 【外部からの入力】
                            ユーザが入力した値(0または1)を変数user_inputに代入
(6) iを0からlength(Foods)-1まで1ずつ増やしながら繰り返す：
                            iに0を代入（繰り返し1周目）
(7) L Tax[i] = shouhizei(Prices[i],user_input)
                            ①関数shouhizeiの引数にPrices[0]の値の200とuser_
                            inputの値の1を受け渡し、関数shouhizeiを呼び出す
                            →【ユーザ定義関数の定義】へ
                            ⑧戻り値の16を配列Taxの添字0の要素へ格納
```

図4　商品ごとの消費税の計算結果を表示するプログラム（再掲）

【ユーザ定義関数の定義】

```
(1) shouhizei(price,kubun):
              ②priceに受け渡された200を代入、kubunに受け渡された1を代入
(2) | もしkubun == 1 ならば:            ③kubunの値が1なので「真」
(3) | L ritsu = 0.08                  ④ritsuに0.08(8%)を代入
(4) | もしkubun == 0 ならば:            ⑤kubunの値が0なので「偽」
(5) | L ritsu = 0.1                   ※実行されない
(6) | kekka = price * ritsu           ⑥200x0.08の計算結果の16を変数kekkaに代入
(7) L kekkaを返す                      ⑦変数kekkaの値である16を呼び出し元に返す
                                      →【プログラム本体】へ戻る（⑧の処理）
```

図3　消費税率を10%と8%から選べるようにしたユーザ定義関数（再掲）

解答：**問1** 　ア　 ①　　イ　 ④　　ウ　 ③　　**問2** 　エ　 ③　　オ　 ①

予想問題を
解いてみよう

ラストスパート!!

共通テスト模擬問題
学食の売上シミュレーション

目標解答時間：15分

問 題

次の問い（問1〜問3）に答えよ。

▶ 問1

次の生徒（S）と先生（T）の会話文を読み、 ア ～ ウ に入れるのに最も適当なものを、後の解答群のうちから一つずつ選べ。

また、 エ ・ オ に当てはまる数字を答えなさい。

S：今日のお昼は学食で食べました。うちの学校のカレーはやっぱり最高ですね！ 沢山の人がカレーを注文していました。

T：学食、いいですね。先生は学食のラーメンが好きですよ。では、今日の授業では学食の売上シミュレーションプログラムを作っていきましょう。

S：学食の売上シミュレーションプログラムは身近な話題で楽しみです！ でも、どうやって作るのですか？

T：うちの学校の学食のメニューと値段は次の通りです。

メニュー	カレー	ラーメン	A定食	B定食
値段	350円	300円	400円	500円

これをそれぞれ配列で管理するようにします。メニューは配列 **Menu**、値段は配列 **Prices** に格納します。ここでは配列の各要素を指定する添字は **0** から始まるものとします。

また配列 **Menu** と配列 **Prices** の要素の順番は対応しています。

```
(1) Menu = ["カレー", "ラーメン", "A定食", "B定食"]
(2) Prices = [350, 300, 400, 500]
```

図1　配列の定義

例えば、「A定食」に対応する値段を取り出したい場合は、 ア と記述します。

S：なるほど。でも、学食の売上シミュレーションプログラムには、まだほど遠い感じがします。

T：誰がどのメニューを選ぶかはランダムなので、乱数を生成する関数 random を使いましょう。

【関数の説明】

関数	説明
random(n)	0以上n以下の整数をランダムに1つ返す関数

　この関数 random を使って例えばサイコロの出目の1〜6の整数のうち1つをランダムに生成するようにするには、 イ というように定義します。

S：これを使えばお客さんがどのメニューを選んだかをランダムに決めることができそうですね。

T：そうですね。たとえば次のプログラム（図2）を実行し、(3)行目の関数 random から1が返された場合、表示結果は ウ となります。

```
(1) Menu = ["カレー", "ラーメン", "A定食", "B定食"]
(2) Prices = [350, 300, 400, 500]
(3) select = random(3)
(4) 表示する(Menu[select])
```

図2　乱数を用いてメニューを選択するプログラム

S：なるほど！

T：シミュレーションプログラムは多くの回数を実際に試してみることで傾向を把握することができます。もし、図2のプログラムで10人のお客さんがメニューを選んだ時を想定すると、(3)〜(4)行目の処理を10回繰り返せばよいことになります。1人目から「1人目：ラーメン」、「2人目：A定食」…と順番に表示するためには、次のようなプログラム（図3）になります。

```
(1) Menu = ["カレー", "ラーメン", "A定食", "B定食"]
(2) Prices = [350, 300, 400, 500]
(3) iを  エ  から  オ  まで1ずつ増やしながら繰り返す:
(4) │ select = random(3)
(5) └ 表示する(i,"人目：",Menu[select])
```

図3　10人分のメニューを表示するプログラム

問2

次の文章の 　カ 　〜 　ケ 　に入れるのに最も適当なものを、後の解答群のうちから一つずつ選べ。

S：お客さんがランダムにメニューを選ぶところまでのプログラムは理解できたのですが、その選んだメニューの数や売上金額を保持する方法がわかりません。

T：各メニューの合計売上金額を保持するための配列 **Sales** を追加しましょう。
　　たとえば、350円のカレーが2つ売れて、他は売れていない場合の配列の各要素は次のようになります。

配列：**Sales**

700	0	0	0

S：なるほど。先生から教えてもらった内容をもとに学食の売上シミュレーションプログラムを作ってみます。

　Sさんは、先生 (T) との会話からヒントを得て、100人のお客さんがランダムに学食のメニューを選んだ時のメニューごとの売上金額を出力するプログラム (図4) を考えてみた。

(1) 〜 (3) 行目の処理は配列の初期化処理である。

(4)行目の変数 **ninzuu** は、来客人数を定義する。

(5)〜(7)行目はお客さんがランダムにメニューを選ぶ繰り返し処理である。

(7)行目の処理でお客さんが選んだメニューに対応する売上金額を更新する。

(8)〜(9)行目はメニュー数分繰り返し、メニュー名と売上金額を表示する。

(8)行目では次の関数を用いる。

【関数の説明】

関数	説明
length(配列)	引数に指定された配列の要素数を返す関数

ここでは1人のお客さんが必ず1つのメニューをランダムに選ぶものとする。

```
(1) Menu = ["カレー", "ラーメン", "A定食", "B定食"]
(2) Prices = [350, 300, 400, 500]
(3) Sales = [0, 0, 0, 0]
(4) ninzuu = 100
(5) iを1からninzuuまで1ずつ増やしながら繰り返す:
(6) | select = 　カ　
(7) └ Sales[select] = 　キ　 + 　ク　
(8) iを0から 　ケ　 まで1ずつ増やしながら繰り返す:
(9) └ 表示する(Menu[i],"の売上金額は",Sales[i],"円です。")
```

図4　メニューごとの売上金額を表示するプログラム

このプログラムを実行した結果は次の通りとなった。

【実行結果（例）】

```
カレー 　の売上金額は 9450 円です。
ラーメン 　の売上金額は 9900 円です。
A定食 　の売上金額は 9200 円です。
B定食 　の売上金額は 8500 円です。
```

カ の解答群　❶ random(3)　　❷ random(4)　　❸ random(5)
　　　　　　　　❹ random(3) + 1　❺ random(4) + 1　❻ random(5) + 1

キ の解答群　❶ Sales[select]　❷ Sales[select + 1]
　　　　　　　　❸ Sales[i]　　　　❹ Sales[i + 1]

ク の解答群　❶ Prices[select]　　❷ Prices[select + 1]
　　　　　　　　　❸ Prices[i]　　　　　❹ Prices[i + 1]

ケ の解答群　❶ length(Menu)　　　❷ length(Menu) - 1
　　　　　　　　　❸ length(Menu) + 1　❹ length(Sales)

▶ 問3

次の文章の　**コ**　～　**ソ**　に入れるのに最も適当なものを、後の解答群のうちから一つずつ選べ。なお、同じ選択肢を複数回用いてもよい。

T：先ほど作成したプログラム（図4）は各メニューが選ばれる確率の理論値は25%ずつです。今度はメニューによってその確率を変更していきましょう。

S：たしかに学食でもカレーを選ぶ人の割合が多いですよね。どうやったらよいでしょうか。

T：やり方は色々ありますが、ここでは乱数の生成範囲を変更して、購入確率が高いメニューには、広い範囲の数が割り当てられるようにしましょう。

S：以前授業で習った条件分岐文を使って、ちょっとやってみます。

Sさんが修正したプログラムについて、乱数生成と条件分岐の部分を抜粋したものである（図5）。

```
(1) select = random(9) + 1
(2) もし select >= 1 and select <= 3 ならば:
(3) 　| #カレーの購入処理
(4) そうでなくもし select <= 5 ならば:
(5) 　| #ラーメンの購入処理
(6) そうでなくもし select < 8 ならば:
(7) 　| #A定食の購入処理
(8) そうでなければ:
(9) 　L #B定食の購入処理
```

図5　メニューによって確率を変更したプログラム

この場合、各メニューが選ばれる確率の理論値は、
カレーが　**コ**　%、
ラーメンが　**サ**　%、
A定食が　**シ**　%,
B定食が　**ス**　% となる。

170

T：よくできました。では、最後に最大売上金額を表示するようにしましょう。

最大売上金額を保持する変数 **max_sales** を追加して初期値は **0** とします。

そして、図4のプログラムの8行目以降を次のように修正します（図6）。

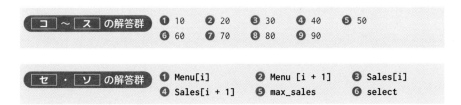

図6　最高売上金額を表示するようにしたプログラム（一部抜粋）

| **コ ～ ス** の解答群 | ❶ 10 | ❷ 20 | ❸ 30 | ❹ 40 | ❺ 50 |
| | ❻ 60 | ❼ 70 | ❽ 80 | ❾ 90 | |

| **セ ・ ソ** の解答群 | ❶ Menu[i] | ❷ Menu [i + 1] | ❸ Sales[i] |
| | ❹ Sales[i + 1] | ❺ max_sales | ❻ select |

▶ 解答への思考プロセス

問1

 学食という身近な話題がテーマで楽しい問題ですね。

 そうですよね。大学入学共通テストの情報Ⅰは「問題解決」がテーマなので、日常生活の身近な話題から出題されることが考えられます。楽しみながら問題を解いていきましょう。まず ア については、A定食に対応する値段を配列**Prices**から取得する方法が問われています。添字を含めた配列**Menu**および配列**Prices**の対応関係は次のようになります。

配列**Menu**

添字	0	1	2	3
要素	カレー	ラーメン	A定食	B定食

配列**Prices**

添字	0	1	2	3
要素	350	300	400	500

配列の各要素は「配列名[添字]」で取得できます。

A定食は配列**Menu**の添字が2の場所なので、対応する値段は配列**Prices**の添字が2の要素に格納されています。よって ア の正答は③の「Prices[2]」となります。

イ

 関数**random**を用いて1～6の整数のうち1つをランダムに生成する方法が問われています。

関数「**random(n)**」は「0以上n以下の整数をランダムに1つ返す関数」です。解答群の各選択肢について返却される値の範囲は次のようになります。

①**random(5)** → 0～5の範囲
②**random(6)** → 0～6の範囲
③**random(5)** + 1 → 1～6の範囲
④**random(6)** + 1 → 1～7の範囲

よって イ の正答は③の「random(5) + 1」になります。

ウ

 (3)行目の関数**random**から1が返された場合の表示内容が問われています。その場合のプログラムの説明は次の通りです。

```
(1) Menu = ["カレー", "ラーメン", "A定食", "B定食"] ……………… 配列Menuを定義
(2) Prices = [350, 300, 400, 500] …………………………………… 配列Pricesを定義
```

```
(3) select = random(3) ························································· selectに1を代入
(4) 表示する(Menu[select])
        ·············· Menu[1]の要素の値は「ラーメン」なので「ラーメン」を表示
```

図2　乱数を用いてメニューを選択するプログラム

よって　　**ウ**　　の正答は②の「ラーメン」になります。

　エ　・　**オ**

(3)行目の繰り返し条件を答える問題です。　**エ**　は開始値、　**オ**　は終了値となります。
変数iは(5)行目で何人目かの表示に使われています。
問題文に1人目から「1人目：ラーメン」とあるので、変数iの開始値は1である必要があります。iを1ずつ増やしながら10回繰り返すので終了値は10である必要があります。
よって、　**エ**　の正答は1、　**オ**　の正答は10となります。

問1は比較的難易度が低めな問題が多い印象でした。

そうですね。問1は問2、問3への橋渡し的な問題が多い傾向があるので、問1でアルゴリズムの内容をしっかり把握することが大切ですよ！

問2

　カ

ここからは問2を見ていきます。この問題では、関数randomの引数に
指定する値が問われています。
(6)行目では、　**カ**　から返却された値を変数selectに代入しています。変数selectは(7)行目で、配列Salesの添字として使われています。「(7)行目の処理でお客さんが選んだメニューに対応する配列の要素の値(売上金額)を更新する。」と問題文にあることからも、配列Salesの添字の範囲は0〜3である必要があります。
つまり、変数selectに代入する値も0〜3の範囲にする必要があります。
解答群の各選択肢について返却される値の範囲は次のようになります。

①random(3) → **0〜3**の範囲
②random(4) → 0〜4の範囲
③random(5) → 0〜5の範囲
④random(3) + 1 → 1〜4の範囲
⑤random(4) + 1 → 1〜5の範囲
⑥random(5) + 1 → 1〜6の範囲

よって、　**カ**　の正答は①の「random(3)」となります。

具体的には、各配列は次のような対応関係があります。たとえば、変数selectの値が2の場合は「A定食」が対応しています。

配列Menu

添字	0	1	2	3
要素	カレー	ラーメン	A定食	B定食

配列Prices

添字	0	1	2	3
要素	350	300	400	500

配列Sales

添字	0	1	2	3
要素	0	0	400	0

キ ・ ク

(7)行目は、売上金額を更新する処理です。

配列Salesには今現在の売上金額が入っているので、それに今回選ばれたメニューに対応する金額を加算する必要があります。

たとえば、変数selectの値が2の場合、A定食（400円）が対応します。前回までの処理でA定食の売上金額の合計が400円だった場合、400円＋400円＝800円になります。

配列：Sales

添字	0	1	2	3
要素	0	0	400→800	0

これを変数で表現すると**Sales[2] = Sales[2] + Prices[2]** となります。

選ばれたメニューは変数selectが対応しているので、2の部分を変数selectに置き換えて**Sales[select] = Sales[select] + Prices[select]** となります。

よって、 **キ** の正答は ① の「Sales[select]」、 **ク** の正答は ① の「Prices[select]」になります。

ケ

この問題は(8)行目の繰り返しの終了値を答える問題です。変数iの利用用途を確認すると(9)行目で「Menu[i]」とあることから、配列Menuの添字の指定に使われていることがわかります。実行結果を見ると4種類すべてのメニューを表示しています。

配列Menuの最後尾の添字は3なので「iを0から3まで1ずつ増やしながら繰り返す：」となるはずですが、解答群の中に3という選択肢はありません。

配列Menu

添字	0	1	2	3
要素	カレー	ラーメン	A定食	B定食

解答群より関数lengthの内容を読み取って答える必要があります。関数lengthは「引数に指定された配列の要素数を返す関数」です。配列Menuの要素数は4個ですので「length(Menu)」とした場合、「4」が返されます。

これを各選択肢にあてはめると返却値は、次のようになります。

	解答群	返却値
①	length(Menu)	4
②	length(Menu)-1	3
③	length(Menu)+1	5
④	length(Sales)	4

よって、 ケ の正答は「3」が返される②の「length(Menu)-1」となります。

空欄部分を埋めたプログラムの説明は次の通りです。

```
(1) Menu = ["カレー", "ラーメン", "A定食", "B定食"]
                    ……………………………… 配列Menuを定義（学食のメニュー）
(2) Prices = [350, 300, 400, 500] …… 配列Pricesを定義（各メニューの値段）
(3) Sales = [0, 0, 0, 0] …………………… 配列Salesを初期値0として定義
                            （各メニューの売上金額）
(4) ninzuu = 100 ………………… ninzuuに100を代入（購入者の人数=繰り返しの回数）
(5) iを1からninzuuまで1ずつ増やしながら繰り返す:
        ……… iを1から100まで1ずつ増やしながら(7)行目までの処理を繰り返す
(6)  | select = random(3)
        …………… 0～3までの範囲の整数をランダムに1つ生成し変数selectに代入
(7)  └ Sales[select] = Sales[select] + Prices[select]
            ……… 売上金額の更新処理
                選ばれたメニューに対する今の合計売上金額＋メニューの金額
(8) iを0からlength(Menu)-1まで1ずつ増やしながら繰り返す:
            ……… iを0から3まで1ずつ増やしながら(9)行目の処理を繰り返す
(9)  └ 表示する(Menu[i],"の売上金額は",Sales[i],"円です。")
            ……… メニューごとの売上金額の表示処理
```

図4　メニューごとの売上金額を表示するプログラム

問3

ここからは問3を見ていきます。生成される乱数が各条件判定のどこにあてはまるかを確認し、その確率（理論値）を求める問題です。
(1)行目「random(9)+1」で生成される乱数は1～10の範囲（10種類の数字）です。条件判定式と突き合わせると次の通りとなります。

行数	判定	意味	あてはまる乱数 (上の行が優先される)
(2)行目	**select**>=1 and **select**<=3	**select**の値が1以上かつ 3以下ならば「真」	1,2,3 ※カレーを購入
(4)行目	**select** <= 5	**select**の値が5以下 ならば「真」	4,5 ※ラーメンを購入
(6)行目	**select** < 8	**select**の値が8未満 ならば「真」	6,7 ※A定食を購入
(8)行目	そうでなければ	上記以外	8,9,10 ※B定食を購入

上記より正答は次の通りとなります。

・カレーを購入する確率は3÷10=0.3なので、 コ の正答は③の30(%)
・ラーメンを購入する確率は2÷10=0.2なので、 サ の正答は②の20(%)
・A定食を購入する確率は2÷10=0.2なので、 シ の正答は②の20(%)
・B定食を購入する確率は3÷10=0.3なので、 ス の正答は③の30(%)

 セ ・ ソ

最大売上金額を保持する変数**max_sales**が追加されているので、(11)行目は変数**max_sales**の更新処理と予想が付きます。
(10)行目は、今の判定対象のメニューの売上金額が、今までの最大売上金額 (変数**max_sales**) より大きかったら、変数**max_sales**の値を更新する必要があります。
今の判定対象のメニューの売上金額は**Sales[i]**です。
よって、 セ の正答は③の「Sales[i]」、 ソ の正答は⑤の「max_sales」となります。空欄部分を埋めたプログラムの説明は次の通りです。

```
(8)    iを0からlength(Menu)-1まで1ずつ増やしながら繰り返す:
             ………… iを0から3まで1ずつ増やしながら(11)行目の処理を繰り返す
                     ( メニュー数分繰り返す )
(9)    | 表示する(Menu[i],"の売上金額は",Sales[i],"円です。")
             ………… メニューごとの売上金額の表示処理
(10)   | もし Sales[i] > max_sales ならば:
         …… 処理対象のメニューの売上が今の最大売上金額より大きければ「真」
(11)   L  L  max_sales = Sales[i] …… max_salesに処理対象のメニューの売上金
                     額を代入 ( 最大売上金額の更新処理 )
(12)   表示する("最高売上金額",max_sales,"円") ………… 最大売上金額の表示処理
```

図6　最高売上金額を表示するようにしたプログラム (一部抜粋)

解答： 問1　 ア ③ 　 イ ③ 　 ウ ② 　 エ 1 　 オ 10
　　　 問2　 カ ① 　 キ ① 　 ク ① 　 ケ ②
　　　 問3　 コ ③ 　 サ ② 　 シ ②
　　　　　　 ス ③ 　 セ ③ 　 ソ ⑤

解答解説

1-1 数値と文字列の表示と算術演算子（p.21）　　　解答解説

▶ 演習問題1

(1) 表示する("答え")	文字列を表示する。	答え
(2) 表示する(7 - 6)	減算（引き算）の算術演算子	1
(3) 表示する(7 * 2)	乗算（掛け算）の算術演算子	14
(4) 表示する(4 / 2)	除算（割り算）の算術演算子	2
(5) 表示する(4 ** 2)	べき乗の算術演算子	16
(6) 表示する(9 ÷ 4)	商の整数部分を求める算術演算子	2
(7) 表示する(4 + 3)	加算（足し算）の算術演算子	7
(8) 表示する(4 % 2)	除算した余りを求める算術演算子	0

なお、PyPEN では「4 / 2」の結果が「2.0」と小数点以下まで表示されます。

▶ 演習問題2　　解答：　ア ⑦　　イ ⑥　　ウ ①

(1)行目の　ア　の算術演算子は2を3乗したら8となるので、べき乗を表す算術演算子である⑦の「**」が該当します。

(2)行目の　イ　の算術演算子は17を2で割った整数部分は8となるので、商の整数部分を求める算術演算子である⑥の「÷」が該当します。

(3)行目の　ウ　の算術演算子は6と2を足し合わせると8となるので、加算（足し算）を表す算術演算子である①の「+」が該当します。

▶ 演習問題3　　解答：③

①の「表示する(計算式：5 × 10 = 50)」は、文字列が含まれているのにも関わらずダブルコーテーション（"）で囲まれていないため、実行時にエラーとなります。

②の「表示する("計算式：5 × 10 =",5 × 10)」は、カンマより前は問題ありませんが掛け算の算術演算子は「×」ではなく「*」のため、実行時にエラーとなります。

③の「表示する("計算式：5 × 10 =",5 * 10)」は、カンマより前は「計算式：5 × 10 =」の表示が行われ、カンマより後ろは、乗算を意味する「*」の算術演算子が使われているため、5 × 10 = 50 となります。よって、「計算式：5 × 10 = 50」と表示されるのでこれが正解です。

④の「表示する(計算式：5 × 10 =,5 * 10)」は、カンマより前は文字列にもかかわらず、ダブルコーテーション(")で囲まれていないのでエラーとなります。カンマより後ろは正しい内容です。

なお、PyPENではカンマ(,)でつなげて表示すると半角スペースが空く仕様になっています(p.24参照)。

1 - 2　変数 (p.25)　　　　　　　　　　　　　　解答解説

▶ 演習問題1　　解答：合計金額は 600 円です。

(1) 行目は変数 **kouka** に 100 を代入します。

(2) 行目は変数 **maisuu** に 6 を代入します。

解説と実行

(3) 行目は変数 **kouka** の値の 100 と変数 **maisuu** の値の 6 の積を求めて、結果の 600 を変数 **kingaku** に代入します。

(4) 行目は表示処理で「合計金額は」と変数 **kingaku** の値と「円です。」を結合して表示します。

よって、正解は「合計金額は 600 円です。」と表示されます。

▶ 演習問題2　　解答：答えは1

(1) 行目は変数 **kazu1** に 100 を代入します。

(2) 行目は変数 **kazu2** に変数 **kazu1** の値である 100 を代入します。

解説と実行

(3) 行目は変数 **atai** に「答えは」という文字列を代入します。

(4) 行目は表示処理で変数 **atai** の値と「**kazu1 / kazu2**」の結果を表示します。「**kazu1 / kazu2**」は「100 / 100」なので1となります。

よって、正解は「答えは1」と表示されます。なお、PyPENでは「答えは 1.0」と表示されます。

▶ 演習問題3　　解答：②

(1) 行目は変数 **kazu1** に 100 を代入します。

(2) 行目は変数 **kazu2** に 50 を代入します。

解説と実行

(3) 行目は変数 **kazu3** に 2 を代入します。

(4) 行目は解答群のいずれかの計算を行い、結果を変数 **kazu4** に代入します。

(5) 行目は変数 **kazu4** の値を表示します。

解答群の計算結果が「200」になるものを実際に変数の値をあてはめて検証します。

① **kazu3 + kazu2 + kazu1** = 2 + 50 + 100 = 152

② **kazu1 + kazu2 * kazu3** = 100 + 50 × 2 = 200

③ **kazu1 / kazu2 + kazu3** = 100 / 50 + 2 = 4

④ **kazu2 * kazu1 * kazu3** = 50 × 100 × 2 = 10000

よって正答は②の「**kazu1 + kazu2 * kazu3**」が該当します。

1 - 3 条件分岐文と比較演算子 (p.29)　　　　解答解説

▶ 演習問題1　　解答：山田です。

解説と実行

```
(1) name = "山田" ············· 変数nameに「山田」を代入
(2) もし name == "山田" ならば：…… 変数nameの値が「山田」
                            なら(3)行目の処理を実行
                            (今回は「真」となる)
(3)  | 表示する(name, "です。") ……… 変数nameの値と「です。」という文字列を
                            連結して表示
(4) そうでなければ：················ (2)行目の判定結果が「偽」なら(5)行目の処
                            理を実行(今回は「真」なので実行されない)
(5)  L 表示する("名前が違います。") ··········「名前が違います。」を表示
```

　今回の判定は値が一致することから、(2)行目の判定は「真」となり(3)行目の処理が行われます。「表示する(**name**, "です。")」は、変数 **name** の値と「です。」という文字列を連結して表示します。よって、正答は「山田です。」となります。

▶ 演習問題2　　解答：②

　(2)行目は条件判定で、条件を満たせば「はずれ」が表示され、満たさなければ「あたり」と表示する処理になります。問題文より、変数 **kuji** の値が3ではない場合に「はずれ」と表示するとあるので、「～ではない」を判定する比較演算子である「!=」が使えます。よって、正答は②の「**kuji != 3**」となります。

　解答群の比較演算子については次のような意味になります。

　① **kuji == 3** → **kuji** の値が3ならば真

②**kuji** != 3 →**kuji**の値が3でなければ真

③**kuji** <= 3 →**kuji**の値が3以下ならば真

④**kuji** >= 3 →**kuji**の値が3以上ならば真

▶ 演習問題3　　解答：小吉

✔解説と実行

```
(1) kuji = 1 ·················· 変数kujiに1を代入
(2) もし kuji < 1 ならば： ········ 「kujiの値が1より小さければ」
                                 という意味で、今回のkujiの値
                                 は1なので条件を満たさず「偽」
                                 となり(4)行目の判定に移る
(3)  ｜ 表示する("大吉")
(4) そうでなくもし kuji >= 4 ならば： ·····「kujiの値が4以上ならば」という意味
                                 で、kujiの値は1なので、条件を満たさ
                                 ず「偽」となり、(6)行目の判定に移る
(5)  ｜ 表示する("中吉")
(6) そうでなければ： ············· (2)行目、(4)行目の判定が「偽」なの
                                 で(7)行目の処理が行われる
(7)  ∟ 表示する("小吉") ·········· 「小吉」と表示
```

よって、正答は「小吉」となります。

1-4　論理演算子と条件分岐文の応用（p.33）　　解答解説

▶ 演習問題1　　解答：　ア ③　　　イ ②　　　ウ ④

(2)行目の空欄 **ア** は「1等」を表示するための条件で、問題文の「1か2ならば」の部分が対応します。つまり、「または」を意味する論理演算子の「or」を用いて、「**kuji** == 1 or **kuji** == 2」とすれば、変数**kuji**の値が1または2という意味となります。よって **ア** の正答は③の「or」が該当します。

✔解説と実行

(4)行目の **イ** は「2等」を表示するための条件で、問題文の「3以上7以下ならば」の部分が対応します。つまり、「かつ」を意味する論理演算子の「and」を用いて、「**kuji** >= 3 and **kuji** <= 7」とすれば、変数**kuji**の値が3以上かつ7以下という意味となります。よって **イ** の正答は②の「and」が該当します。

(6)行目の **ウ** は、「はずれ」を表示するための条件です。しかし、「**kuji** == 8 or **kuji** == 9」は「8または9」という条件で「3等」を表示するための条件式です。「8または9でなければ」という形にすれば、変数**kuji**が8または9のときに(9)行目

の処理で「3等」と表示されます。つまり、否定の「〜でなければ」を意味する論理演算子の「not」を用いて「not(**kuji** == 8 or **kuji** == 9)」とすれば、変数**kuji**が8または9でなければという意味になります。よって ウ の正答は④の「not」が該当します。

▶ 演習問題2　　解答：②

一気に考えようとせずに問題文の条件を細かい単位に区切って条件文にしていくとよいでしょう。

「1より大きく3以下」は、条件式で表すと「**kuji** > 1 and **kuji** <= 3」となります。

「10以上20未満」は、条件式で表すと「**kuji** >= 10 and **kuji** < 20」となります。

上記を「or(または)」の論理演算子でつなげると「(**kuji** > 1 and **kuji** <= 3) or (**kuji** >= 10 and **kuji** < 20)」となります。この条件にあてはまれば「あたり」を表示するのですが、(3)行目は「はずれ」を表示する処理のため、「1より大きく3以下」または「10以上20未満」でなければ「はずれ」を表示する条件にする必要があります。

否定 (not) の論理演算子で全体を囲んで「not((**kuji** > 1 and **kuji** <= 3) or (**kuji** >= 10 and **kuji** < 20))」とすれば、変数**kuji**が1より大きく3以下、または、10以上20未満のときに「あたり」、それ以外のときに「はずれ」と表示されます。よって、正答は②の「not((kuji > 1 and kuji <= 3) or (kuji >= 10 and kuji < 20))」となります。

1 - 5　繰り返し文① (条件繰り返し文) (p.38)　　　　解答解説

▶ 演習問題1　　解答： ア ④　　　 イ ②

(5)行目の ア の部分は変数**seki**の更新処理です。変数**seki**は(7)行目で積を表示する時に使われます。問題文より「表示した変数**i**の値の積」とあるので、表示した変数**i**の値との積を保持する変数ということが分かります。「**seki** = **seki** * **i**」とすれば、繰り返し毎に表示内容の積を変数**seki**に格納できます。よって、 ア の正答は④の「seki * i」が該当します。

(6)行目は変数**i**の更新処理です。問題文より「変数**i**の値を3ずつ増やす」とあるので、変数**i**の値に3を足す処理ということがわかります。「**i** = **i** + 3」とすれば、今の変数**i**の値に3を足し、その値で変数**i**の値を更新するという意味になります。よって、 イ の正答は②の「i + 3」が該当します。

変数の内容をまとめると次のようになります。

繰り返し	i（更新前）	seki（更新前）	seki(seki * i)	i(i + 3)
開始前	1	1	-	-
1周目	1	1	1	4
2周目	4	1	4	7
3周目	7	4	28	10

▶ 演習問題2　　解答：1200

解説と実行

変数iの値が0より大きい間、(4) 行目と (5) 行目の処理が繰り返されます。変数iの値と変数kazuの値の積を求めながら、変数iの値を4ずつ減らしています。

変数の内容をまとめると次のようになります。

繰り返し	i（更新前）	kazu（更新前）	kazu(kazu*i)	i(i - 4)
開始前	10	10	-	-
1周目	10	10	100	6
2周目	6	100	600	2
3周目	2	600	1200（答え）	-2

最後の変数kazuの値を (6) 行目で表示しているので、正答は1200となります。

---

1 - 6　繰り返し文② (順次繰り返し文) (p.43)　　解答解説

▶ 演習問題1　　解答：③

解説と実行

(3) 行目より、繰り返し処理のたびに変数ataiと変数iの積を求めて値を更新していく処理です。繰り返しを抜けた後に変数ataiの値（計算結果）を表示します。

解答群について変数iの値がどのように変化するかを求めて、その積が15になるものが正解となります。

	変数iの値	atai*i	結果
①	0→2→4→6	1 × 0 × 2 × 4 × 6	0
②	1→4→7	1 × 1 × 4 × 7	28
③	1→3→5	1 × 1 × 3 × 5	**15**
④	6→4→2	1 × 6 × 4 × 2	48

よって、正解は③の「1から5まで2ずつ増やしながら」となります。

▶ 演習問題2　　解答：9

(2)行目より、「iを5から1まで2ずつ減らしながら」とあるため、変数iの値が5→3→1と変化し繰り返し処理が行われます。
(3)行目は、変数iの値の合計値を求める処理です。

変数の内容をまとめると次のようになります。

解説と実行

繰り返し	i	atai（更新前）	atai(atai + i)
1周目	5	0	5
2周目	3	5	8
3周目	1	8	9

繰り返し処理を抜けた後に変数 **atai** の値である「9」が表示されます。よって、正答は9となります。

---

1 - 7　配列①（一次元配列）（p.47）　　　　　解答解説

▶ 演習問題1　　解答：④

(1)行目は、配列 **Yasai** の宣言で、各要素と添字の対応関係は次のようになります。

解説と実行

配列名：Yasai

添字	0	1	2	**3**
要素	だいこん	にんじん	キャベツ	**トマト**

トマトは添字が3の場所に存在するので、「**Yasai[3]**」とすれば、「トマト」が取得できます。よって、正答は④の Yasai[3] となります。

▶ 演習問題2　　解答：ぶどうを3個買ったら600円です。

配列の各要素と添字の対応関係は次のようになります。

解説と実行

配列名：Kudamono

添字	0	1	2	3
要素	りんご	ぶどう	みかん	メロン

配列名：Nedan

添字	0	1	2	3
要素	100	50→200	150	500

配列 **Nedan** の添字1の要素は(4)行目で200に更新されます。

配列名：Kosuu

添字	0	1	2	3
要素	2	3	1	5

(5) 行目の表示処理は、**Kudamono[1]** は「ぶどう」、**Kosuu**[1] は 3、**Nedan**[1] は 200 となります。

Nedan[1] * **Kosuu**[1] は、200 × 3 の計算結果である 600 です。

よって、正答は「ぶどうを 3 個買ったら 600 円です。」と表示されます。

▶ 演習問題 3　　解答：250

配列 **Nedan** の各要素と添字の対応関係は次のようになります。

✓解説と実行

配列名：Nedan

添字	0	1	2	3
要素	100	**50**	150	**200**

(4) 行目の「**Nedan[soeji1]** + **Nedan[soeji2]**」は変数に値をあてはめると「**Nedan**[1] + **Nedan**[3]」という意味です。よって、**Nedan**[1] の 50 と **Nedan**[3] の 200 の和である「**250**」が表示されます。

1-8 配列②（二次元配列）(p.51)　　　解答解説

▶ 演習問題 1　　解答：④

(1) 行目は、配列 **Kigou** の宣言で、各要素と添字の対応関係は次のようになります。

✓解説と実行

配列名：Kigou

添字	0	1
0	○	□
1	×	△

「△」の記号を表示するためには行の添字は 1、列の添字は 1 を指定する必要があります。よって ┃ ア ┃ の正答は④の **Kigou[1][1]** となります。

▶ 演習問題 2　　解答：木の当番は小野さんです。

(1) 行目は、配列 **Touban** の宣言で、各要素と添字の対応関係は次のようになります。

✓解説と実行

配列名：Touban

添字	0	1	2	3	4
0	月	火	水	木	金
1	山田	鈴木	佐藤	小野	小林

「Touban[0][3]」は、行の添字0と列の添字3なので「木」が表示されます。
「Touban[1][3]」は、行の添字1と列の添字3なので「小野」が表示されます。
よって、正答は「木の当番は小野さんです。」と表示されます。

▶ 演習問題3　解答：40

配列 **Atai** の各要素と添字の対応関係は次のようになります。

◯解説と実行

配列名：Atai

添字	0	1	2
0	1	2	3
1	4	5	6
2	6	8	9

Atai[1][1] は5、Atai[2][1] は8です。

よって、「kekka = Atai[1][1] * Atai[2][1]」は、5×8を計算した結果の40が
変数 kekka に格納されます。よって、(3) 行目の「表示する (kekka)」では「40」と
表示されます。

1-9　関数① (関数の概要) (p.56)　　　解答解説

▶ 演習問題1　解答：③

配列 **Data** の要素数は5個なので **要素数 (Data)** の戻り値は5と
なります。

◯解説と実行

配列名：Data

添字	0	1	2	3	4
要素	1等	2等	3等	3等	はずれ

変数 atai は (3) 行目で **Data[atai]** と配列 **Data** の添字に使われていることから、
添字の範囲である0～4までの値である必要があります。

	関数	要素数 (Data) に 5 をあてはめる	戻り値の範囲
①	乱数 (Data)	関数「乱数」の引数に直接配列を渡している（数字ではない）のでエラーとなる	エラー
②	乱数 (要素数 (Data))	乱数 (5)	0〜5
③	乱数 (要素数 (Data) -1)	乱数 (5 - 1)	0〜4
④	乱数 (要素数 (atai))	引数が配列ではないのでエラーとなる。	エラー

よって、正答は③の「乱数 (要素数 (Data) -1)」となります。

演習問題2　解答：16

◯解説と実行

「beki(atai1,atai2)」の変数 atai1 と atai2 に実際の変数の値をあてはめると「beki(4,2)」となります。つまり、4 を 2 乗した値である 16 が戻り値として返され、変数 atai3 に代入されます。

よって、(4)行目の「表示する (atai3)」では 16 と表示されます。

1-10 関数② (ユーザ定義関数の作成) (p.60)　　解答解説

演習問題1　解答：2

◯解説と実行

プログラムの説明は次の通りとなります。

【関数の定義】

```
(1)  keisan(atai1,atai2):        関数名：keisan 引数：atai1とatai2
(2)   | kekka = atai1 / atai2    atai1をatai2で割った商を変数kekkaに代入
(3)   L kekkaを返す              変数kekkaの値を戻り値として返す
```

【プログラム本体（関数を呼び出す側）】

```
(1)  kazu1 = 4,kazu2 = 2          変数kazu1とkazu2の初期化処理
(2)  modori = keisan ( kazu1,kazu2 )  関数keisanを呼び出し,戻り値を変数
                                      modoriに代入
(3)  表示する(modori)            変数modoriの値を表示する。
```

受け渡される引数と戻り値のイメージは次のようになります。

プログラム本体の (2) 行目の「**keisan (kazu1,kazu2)**」は変数に値をあてはめると、「**keisan(4,2)**」となります。よって、関数の定義の (1) 行目で変数 **atai1** に 4、変数 **atai2** に 2 が代入されます。

関数の定義の (2) 行目の「**kekka = atai1 / atai2**」では、4÷2の計算結果の 2 が変数 **kekka** に代入されます。よって、関数のプログラム (3) 行目では、変数 **kekka** の値である 2 が戻り値として関数呼び出し元に返却されます。プログラム本体 (関数を呼び出す側) はその結果を変数 **modori** に代入します。よって、(3) 行目の「表示する (modori)」では「2」が表示されます。

なお、(1) 行目で「kazu1 = 4, kazu2 =2」と 1 行で 2 つの変数の定義を行っています (p.24 参照)。

▶ 演習問題2　　解答：はずれ

プログラム本体から関数 **kuji** を呼び出し、その時に引数として 5 が受け渡されます。

解説と実行

関数の定義の (1) 行目で変数 **atai** に受け渡された 5 が代入されます。

関数の定義の (2) 行目〜 (5) 行目は変数 **atai** を 2 で割ったあまりが 0 なら「あたり」、1 なら「はずれ」を変数 **kekka** に代入します。5 を 2 で割ったあまりは 1 なので「はずれ」が変数 **atai** に代入され、戻り値として関数の呼び出し元に返却されます。プログラム本体 (関数を呼び出す側) はその結果を変数 **atai** に代入します。よって、(2) 行目の「表示する (atai)」では「はずれ」が表示されます。

⚠️**注意**　共通テスト用プログラム表記のユーザ定義関数については、2024年6月時点では正式な文法が発表されていないため、本書とは異なる表記で出題される可能性があります。

2-1 条件判定の繰り返し（条件分岐文×繰り返し文）(p.65)

解答解説

▶ 演習問題1　　解答：18

プログラムの各行の説明は次の通りです。

✅ 解説と実行

```
(1) kazu = 1 ──────────────── 変数kazuに1を代入
(2) iを0から2まで1ずつ増やしながら繰り返す：
                        (6)行目までの処理の繰り返し条件
(3) │ もし i % 2 == 1 ならば： ──── 変数iの値を2で割った余りが1ならば「真」
                        となり(4)行目の処理を行う
(4) │ │ kazu = kazu * 2 ──────── 変数kazuの値に2を掛ける
(5) │ そうでなければ： ──────── (3)行目の判定が「偽」ならば(6)行目の処理を行う
(6) └ └ kazu = kazu * 3 ──── 変数kazuの値に3を掛ける
(7) 表示する(kazu) ──────── 変数kazuの値を表示
```

「i % 2 == 1」は変数iの値を2で割った余りが1ならば「真」となります。つまり奇数ならば(4)行目の「kazu = kazu * 2」の処理が行われ、「偽」(2で割った余りが0)ならば(6)行目の「kazu = kazu * 3」の処理が行われます。

上記をまとめると繰り返し処理毎の変数の値は次のようになります。

繰り返し	i	i % 2	i % 2 == 1	実行される処理	kazu
1周目終了時	0	0	偽	(6)行目 1 × 3 = 3	3
2周目終了時	1	1	真	(4)行目 3 × 2 = 6	6
3周目終了時	2	0	偽	(6)行目 6 × 3 = 18	18

iが2まで達したので、繰り返し処理を抜けて、(7)行目の表示処理で変数kazuの値である18が表示されます。よってこの問題の正答は18となります。

▶ 演習問題2　　解答：9

プログラムの各行の説明は次の通りです。

✅ 解説と実行

```
(1) kazu = 2 ──────────────── 変数kazuに2を代入
(2) iを4から6まで1ずつ増やしながら繰り返す： ─ (8)行目までの処理の繰り返し条件
(3) │ もし i % 3 == 0 ならば： ──── 変数iの値を3で割った余りが0ならば
                        「真」となり(4)行目の処理を行う
(4) │ │ kazu = kazu + i ──────── 変数kazuの値に変数iの値を加算
(5) │ そうでなくもしi % 3 == 1 ならば： ─ (3)行目の処理が「偽」の場合の判定
```

(6)	｜ ｜ kazu = kazu * i	変数iの値を3で割った余りが1ならば「真」となり(6)行目の処理を行う 変数kazuと変数iの値の積を求める
(7)	｜ そうでなければ:	(3)行目および(5)行目の判定が「偽」の場合に(8)行目の処理を行う
(8)	L L kazu = kazu - i	変数kazuの値と変数iの値の減算
(9)	表示する(kazu)	変数kazuの値を表示

上記をまとめると繰り返し処理毎の変数の値は次のようになります。

繰り返し	i	i％3	i％3＝＝0	i％3＝＝1	実行される処理	kazu
1周目終了時	4	1	偽	真	(6)行目2×4＝8	8
2周目終了時	5	2	偽	偽	(8)行目8-5＝3	3
3周目終了時	6	0	真	-	(4)行目3+6＝9	9

iが6まで達したので、繰り返し処理を抜けて、(9)行目の表示処理で変数**kazu**の値である9が表示されます。よってこの問題の正答は9となります。

2-2 関数を用いた条件判定の繰り返し（条件分岐文×繰り返し文×関数）(p.69)　解答解説

▶ **演習問題1**　解答：　ア 1　　イ 16　　ウ 10

乱数 (1,8) の戻り値が変数 **kazu** に代入されることから、繰り返し処理毎の変数の値・条件判定結果は次のようになります。

繰り返し	kazu	kaisuu	kazu > 7	kazu >＝3	判定の結果 実行される処理	表示内容
1周目	2	1	偽	偽	(9)行目2-1＝1	ア 1
2周目	8	2	真	-	(5)行目8×2＝16	イ 16
3周目	7	3	偽	真	(7)行目7+3＝10	ウ 10

2-3 配列の繰り返し参照（一次元配列の繰り返し文）(p.73)　解答解説

▶ **演習問題1**　解答：1

今回の配列 **Data** の要素と添字の関係は次のようになります。

添字	0	1	2	3	4	5	6
要素	5	7	6	7	2	9	10

解説と実行

解説と実行

繰り返し処理毎の変数の値は次のようになります。

繰り返し	i	kazu （開始時）	Data[i]	Data[i] - kazu	kazu （終了時）
1周目	4	0	2	2 − 0 = 2	2
2周目	2	2	6	6 − 2 = 4	4
3周目	0	4	5	5 − 4 = 1	1

繰り返し3周目での変数kazuの値である1が表示されます。

よって、この問題の正答は1となります。

▶ 演習問題2 　　解答：30

今回の配列Data1およびData2の要素と添字の関係は次のようになります。

✓解説と実行

Data1

添字	0	1	2	3	4	5	6	7
要素	1	6	5	2	3	2	4	8

Data2

添字	0	1	2	3	4	5	6	7
要素	4	7	1	8	9	4	3	7

繰り返し処理毎の変数の値は次のようになります。

注意すべき点は**Data2[i + 1]**なので、変数iの値が0の場合**Data2[1]**となり7が取得されます。

繰り返し	i	kazu （開始時）	kazu + Data1[i] + Data2[i+1]	kazu （終了時）
1周目	0	0	0 + 1 + 7 = 8	8
2周目	3	8	8 + 2 + 9 = 19	19
3周目	6	19	19 + 4 + 7 = 30	30

繰り返し3周目での変数**kazu**の値である30が表示されます。よって、この問題の正答は**30**となります。

▶ 演習問題3　　解答：②

今回の配列 Data の要素と添字の関係は次のようになります。

✓解説と実行

Data

添字	0	1	2	3	4	5	6	7
要素	1	2	3	4	5	6	7	8

　ア　の部分に解答群の選択肢をあてはめて結果が28となるものが正解となります。

① kazu + Data[i] の場合

繰り返し	i	kazu (開始時)	Data[i]	kazu + Data[i]	kazu (終了時)
1周目	6	1	7	1 + 7 = 8	8
2周目	3	8	4	8 + 4 = 12	12
3周目	0	12	1	12 + 1 = 13	13

実行結果（表示内容）　13

② kazu * Data[i] の場合

繰り返し	i	kazu (開始時)	Data[i]	kazu * Data[i]	kazu (終了時)
1周目	6	1	7	1 × 7 = 7	7
2周目	3	7	4	7 × 4 = 28	28
3周目	0	28	1	28 × 1 = 28	28

実行結果（表示内容）　28

③ kazu - Data[i] の場合

繰り返し	i	kazu (開始時)	Data[i]	kazu - Data[i]	kazu (終了時)
1周目	6	1	7	1 - 7 = -6	-6
2周目	3	-6	4	-6 - 4 = -10	-10
3周目	0	-10	1	-10 - 1 = -11	-11

実行結果（表示内容）　-11

よって正答は28と表示された、②の「kazu * Data[i]」となります。

▶ 演習問題1　　解答：15

今回の配列 **Data** の要素と添字の関係は次のようになります。

解説と実行

添字	0	1	2
0	1	2	3
1	4	5	6
2	7	8	9

繰り返しの処理毎に変数 i は 2→1→0、変数 kazu は 0→1→2 となります。

(5)行目の「Data[i][kazu]」にあてはめると Data[2][0]→Data[1][1]→Data[0][2] となり、以下の表の太枠部分を加算することになります。

添字	0	1	2
0	1	2	3
1	4	5	6
2	7	8	9

繰り返し処理毎の変数の値は次のようになります。

繰り返し	i	kazu	goukei (開始時)	Data[i][kazu]	goukei+Data[i][i]	goukei (終了時)
1周目	2	0	0	7	0 + 7 = 7	7
2周目	1	1	7	5	7 + 5 = 12	12
3周目	0	2	12	3	12 + 3 = 15	15

繰り返し3周目での変数 **goukei** の値である15が表示されます。

よって、この問題の正答は15となります。

▶ 演習問題2　　解答：30

今回の配列 **Data1** および **Data2** の要素と添字の関係は次のようになります。

解説と実行

Data1

添字	0	1	2
0	1	2	3
1	4	5	6
2	7	8	9

Data2

添字	0	1	2
0	9	8	7
1	6	5	4
2	3	2	1

(5)行目の「Data1[i][i] + Data2[i][i]」について、繰り返しの1周目は変数iの値が0なので、Data1[0][0] + Data2[0][0] = 1 + 9 = 10 となり、それが変数**goukei**に代入されます。

繰り返し処理毎の変数の値は次のようになります。

繰り返し	i	goukei (開始時)	goukei + Data1[i][i] + Data2[i][i]	goukei (終了時)
1周目	0	0	0 + 1 + 9 = 10	10
2周目	1	10	10 + 5 + 5 = 20	20
3周目	2	20	20 + 9 + 1 = 30	30

最後に(6)行目で繰り返し3周目での変数**goukei**の値である30が表示されます。よって、この問題の正答は**30**となります。

▶ 演習問題3   解答：②

Data[i][i] は、Data[0][0] → Data[1][1] → Data[2][2] となるので、対応する要素は次の太枠で囲んだ部分になります。

✓解説と実行

添字	0	1	2
0	9	8	7
1	6	5	4
2	3	2	1

［　**ア**　］ の部分に解答群の選択肢をあてはめて結果が45となるものが正解となります。

① kazu + Data[i][i] の場合

繰り返し	i	kazu (開始時)	Data[i][i]	kazu + Data[i][i]	kazu (終了時)
1周目	0	1	9	1 + 9 = 10	10
2周目	1	10	5	10 + 5 = 15	15
3周目	2	15	1	15 + 1 = 16	16

実行結果（表示内容）   16

② kazu * Data[i][i] の場合

繰り返し	i	kazu（開始時）	Data[i][i]	kazu * Data[i][i]	kazu（終了時）
1周目	0	1	9	1 × 9 = 9	9
2周目	1	9	5	9 × 5 = 45	45
3周目	2	45	1	45 × 1 = 45	45

実行結果（表示内容）　45

③ kazu - Data[i][i] の場合

繰り返し	i	kazu（開始時）	Data[i][i]	kazu - Data[i][i]	kazu（終了時）
1周目	0	1	9	1 - 9 = -8	-8
2周目	1	-8	5	-8 - 5 = -13	-13
3周目	2	-13	1	-13 - 1 = -14	-14

実行結果（表示内容）　−14

よって正答は45と表示された、②の「kazu * Data[i][i]」となります。

2-5 ユーザ定義関数の繰り返し呼び出し（p.81）　解答解説

▶ **演習問題1**　解答：15

　関数keisanは、呼び出し元であるプログラム本体から渡された引数を2乗にしてその結果を戻り値として呼び出し元に返す関数です。たとえば、引数に3を渡した場合は次のようなイメージになります。

✅解説と実行

```
呼び出し元
keisan(3)
関数名　引数
```
3（引数）→
←9（戻り値）

関数：keisan
引数の値を2乗して
呼び出し元に返す

繰り返し処理毎の変数の値は次のようになります。

繰り返し	i	kazu（開始時）	keisan(i)の戻り値	kazu + keisan(i)	kazu（終了時）
1周目	3	1	9	1 + 9 = 10	10
2周目	2	10	4	10 + 4 = 14	14
3周目	1	14	1	14 + 1 = 15	15

最後に (4) 行目の「表示する (kazu)」で繰り返し3周目での変数 **kazu** の値である 15 が表示されます。よって、この問題の正答は **15** となります。

▶ 演習問題2　解答：6

解説と実行

関数 **keisan** は、渡された2つの引数の積を求め、結果を呼び出し元に返す関数です。たとえば、引数に2と3を渡した場合は次のようなイメージになります。

繰り返し処理毎の変数の値は次のようになります。

繰り返し	i	kazu （開始時）	keisan(i,kazu)	keisan(atai1,atai2) の 戻り値	kazu （終了時）
1周目	1	1	keisan(1,1)	1（1の結果）	1
2周目	2	1	keisan(2,1)	2（2×1の結果）	2
3周目	3	2	keisan(3,2)	6（3×2の結果）	6

繰り返し3周目での変数 **kazu** の値である6が表示されます。よって、この問題の正答は6となります。

2-6　複数配列の操作
（条件分岐、繰り返し、関数、配列）(p.85)　解答解説

▶ 演習問題1　解答：B,C,B,A　※順番があっていれば正解

解説と実行

配列を先頭から見ていって、**Tensuu[i]** の値が90以上なら配列 **Kekka[i]** に「A」を代入、40より大きければ「B」を代入、それ以外なら「C」を代入しています。

配列 **Tensuu** と配列 **Kekka** の添字は対応しているので、最終的には次のような形となります。

配列 Tensuu

添字	0	1	2	3
要素	50	40	60	90

配列 Kekka

添字	0	1	2	3
要素	B	C	B	A

繰り返し処理毎の変数の値は次のようになります。

繰り返し	i	Tensuu[i]	Tensuu[i] >= 90	Tensuu[i] > 40	処理
1周目	0	50	偽 (False)	真 (True)	(7)行目で**Kekka[0]**に「B」を代入
2周目	1	40	偽 (False)	偽 (False)	(9)行目で**Kekka[1]**に「C」を代入
3周目	2	60	偽 (False)	真 (True)	(7)行目で**Kekka[2]**に「B」を代入
4周目	3	90	真 (True)	—	(5)行目で**Kekka[3]**に「A」を代入

　繰り返しを抜けた(10)行目で、更新後の配列**Kekka**の各要素の値が表示されます。ここでは、[B,C,B,A]という結果となります。なお、PyPENでは[]で囲まれて表示されます。

▶ **演習問題2**　　解答：★,〇,●,〇　※順番があっていれば正解

　配列を先頭から見ていって、**Tensuu[i]**の値が10なら配列**Kekka[i]**に「★」を代入し、5より小さければ「●」を代入します。それに当てはまらない場合は更新が行われず、初期値の「〇」のままとなります。

✓解説と実行

　配列**Tensuu**と配列**Kekka**の添字は対応しているので、最終的には次のような形となります。

配列**Tensuu**

添字	0	1	2	3
要素	10	5	1	6

配列**Kekka**

添字	0	1	2	3
要素	★	〇	●	〇

　繰り返し処理毎の変数の値は次のようになります。

繰り返し	i	Tensuu[i]	Tensuu[i] == 10	Tensuu[i] < 5	処理
1周目	0	10	真 (True)	偽 (False)	(5)行目で**Kekka[0]**に「★」を代入
2周目	1	5	偽 (False)	偽 (False)	更新処理なし
3周目	2	1	偽 (False)	真 (True)	(7)行目で**Kekka[2]**に「●」を代入
4周目	3	6	偽 (False)	偽 (False)	更新処理なし

　繰り返しを抜けた(8)行目で、更新後の配列**Kekka**の各要素の値が表示されます。ここでは、[★,〇,●,〇]という結果となります。
なお、演習問題1と同様、PyPENでは[]で囲まれて表示されます。

▶ 演習問題1

解答： | ア | 2,1,3,4　| イ | 2,3,1,4　| ウ | 1

| エ | 2,3,4,1　| オ | 1

✓ 解説と実行

繰り返し	i	Data	temp
開始時	未定義	1,2,3,4	未定義
1周目	0	ア 2,1,3,4	1
2周目	1	イ 2,3,1,4	ウ 1
3周目	2	エ 2,3,4,1	オ 1

繰り返し毎の処理のイメージは次のようになります。

■ 繰り返し1周目 (i=0)

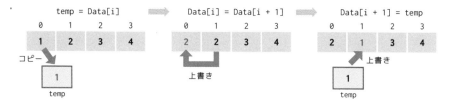

■ 繰り返し2周目 (i=1)

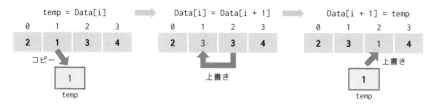

■ 繰り返し3周目 (i=2)

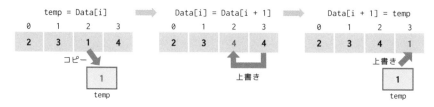

▶ 演習問題2　解答：4,1,2,3　※順番があっていれば正解

✓ 解説と実行

変数 i は 2→1→0 とカウントダウンしながら繰り返します。繰り返し毎の処理のイメージは次のようになります。

■ 繰り返し1周目（i=2）

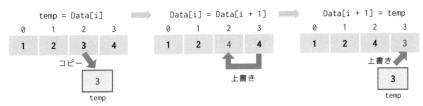

■ 繰り返し2周目（i=1）

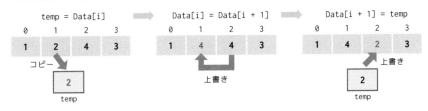

■ 繰り返し3周目（i=0）

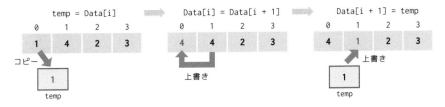

よって、ループ終了後の配列 **Data** は [4,1,2,3] となります。

解答解説

▶ 演習問題1　　解答：ABBABBABB

　繰り返し毎の各変数の値は次のようになります。

　親ループが1回に対して子ループは2回行われます。繰り返し毎に親ループでは「A」の文字が結合され、子ループでは「B」の文字が結合されます。

親ループ	子ループ	data（更新後）
1周目	開始前	A
	1周目	AB
	2周目	ABB
2周目	開始前	ABBA
	1周目	ABBAB
	2周目	ABBABB
3周目	開始前	ABBABBA
	1周目	ABBABBAB
	2周目	ABBABBABB

　よって(6)行目の「表示する(data)」で「ABBABBABB」が表示されます。

▶ 演習問題2　　解答：8

　繰り返し毎の各変数の値は次のようになります。

親ループ	子ループ	i	j	atai（更新前）	実行される計算処理	atai（更新後）
1周目	開始前	1	-	0	(3)行目　0 + 1 = 1	1
	1周目	1	1	1	(5)行目　1 × 1 = 1	1
	2周目	1	2	1	(5)行目　1 × 2 = 2	2
2周目	開始前	2	-	2	(3)行目　2 + 2 = 4	4
	1周目	2	1	4	(5)行目　4 × 1 = 4	4
	2周目	2	2	4	(5)行目　4 × 2 = 8	8

　よって(6)行目の「表示する(atai)」で「8」が表示されます。

▶ 演習問題3　　解答：　ア　2　　イ　1

　親ループ処理では「○」を結合し、子ループ処理では「●」を結合しています。

　(6)行目の「表示する(data)」で「○●●○●●」という結果に

するためには、親ループを合計2回繰り返し、親ループ1回に対して子ループを2回行う必要があります。よって、親ループ、子ループともに2回ずつ繰り返すには、｜ ア ｜は2、｜ イ ｜は1があてはまります。

繰り返し毎の各変数の値は次のようになります。

親ループ	子ループ	i	j	data（更新後）
1周目	開始前	1	-	○
	1周目	1	0	○●
	2周目	1	1	○●●
2周目	開始前	2	-	○●●○
	1周目	2	0	○●●○●
	2周目	2	1	○●●○●●

2-9 外部からの入力の繰り返し（p.98）　　　　解答解説

▶ **演習問題1**　　解答：｜ ア ｜C　｜ イ ｜A　｜ ウ ｜B

プログラムの説明は次の通りです。

✓解説と実行

```
(1) Data = ["A","B","C","D","E"] ········· 配列Dataの初期化処理
(2) count = 1 ····································· 変数countに1を代入
(3) count < 4の間繰り返す： ················· 変数countの値が4より
                                     小さい間繰り返す（つまり3回繰り返す）
(4) ｜ 表示する(count,"回目") ············· 回数を表示
(5) ｜ 表示する("1～5までの数字を1つ入力してください。")
    ································· 「1～5までの数字を1つ入力してください。」と表示
(6) ｜ kuji = 【外部からの入力】 ··········· ユーザが入力した値を変数kujiに代入
(7) ｜ 表示する(Data[kuji - 1]) ··········· 配列Dataの添字がkuji-1の要素を表示
(8) L count = count + 1 ··················· 変数countの値を1カウントアップ
```

配列**Data**の添字と要素との対応関係は次のようになります。

添字	0	1	2	3	4
要素	A	B	C	D	E

繰り返し毎の変数の値および(7)行目の表示内容は次の通りです。

繰り返し	(6)行目ユーザ入力値	kuji	kuji - 1（添字）	(7)行目の表示内容 表示する(Data[kuji - 1])
1周目	3	3	3 - 1 = 2	｜ ア ｜C
2周目	1	1	1 - 1 = 0	｜ イ ｜A
3周目	2	2	2 - 1 = 1	｜ ウ ｜B

▶ 演習問題2　　解答：13

(5)行目の「**gaibu** % 2 == 0」は、ユーザが入力した値を2で割った余りが0なら「真」となり(6)行目の処理が実行され、そうでなければ(8)行目の処理が実行されます。

繰り返し	gaibu （入力値）	kazu （開始時）	gaibu%2 == 0	実行される処理	kazu （終了時）
1周目	2	1	真	(6)行目 2 + 1	3
2周目	3	3	偽	(8)行目 3 × 3	9
3周目	4	9	真	(6)行目 4 + 9	13

よって(9)行目の「表示する**(kazu)**」では3周目終了時の変数**kazu**の値である13が表示されます。

共通テスト用プログラム表記と Pythonの比較

　ここでは、共通テスト用プログラム表記とPyhonのプログラムコードについて比較します。

▶ 順次構造

　共通テスト用プログラム表記の「表示する()」はPythonでは「print()」が対応します。

共通テスト用プログラム表記	Python	実行結果
表示する("おはよう") 表示する("こんにちは") 表示する("おやすみ")	print("おはよう") print ("こんにちは") print ("おやすみ")	おはよう こんにちは おやすみ

▶ 分岐構造

　共通テスト用プログラム表記の「もし～ならば」はPythonでは「if」、「そうでなければ」は「else」が対応します。共通テスト用プログラム表記では、｜とLの記号で制御範囲を表します。

共通テスト用プログラム表記	Python	実行結果

kuji = 1
もし kuji <= 4 ならば :
｜ 表示する("大吉")
そうでなければ :
L 表示する("中吉")
	kuji = 1
	if kuji <= 4:
	　　print("大吉")
	else:
	　　print("中吉")
		大吉

　共通テスト用プログラム表記の「そうでなくもし～ならば」はPythonでは「elif」が対応します。

共通テスト用プログラム表記	Python	実行結果

kuji = 1
もし kuji < 1 ならば :
｜ 表示する("大吉")
そうでなくもし kuji >= 4 ならば :
｜ 表示する("中吉")
そうでなければ :
L表示する("小吉")
	kuji = 1
	if kuji < 1:
	　　print("大吉")
	elif kuji >= 4:
	　　print("中吉")
	else:
	　　print("小吉")
		小吉

▶ 繰り返し構造

共通テスト用プログラム表記の「〜の間繰り返す」はPythonでは「while」が対応します。

共通テスト用プログラム表記では、｜とLの記号で制御範囲を表します。

共通テスト用プログラム表記	Python	実行結果

i = 1
i <= 3 の間繰り返す：
｜ 表示する (i)
L i = i + 1
	i = 1
	while i <= 3:
	    print(i)
	    i = i + 1
		1
		2
		3

共通テスト用プログラム表記の「〈変数〉を〈初期値〉から〈初期値〉まで〈増分〉ずつ増やしながら」はPythonでは「for〈変数〉in range(〈初期値〉,〈初期値(未満)〉,〈増分〉)」が対応します。

共通テスト用プログラム表記	Python	実行結果
iを1から3まで1ずつ増やしながら繰り返す： L 　表示する (i)	for i in range(1, 3+1, 1): print(i)	1 2 3

▶ 配列の定義

配列の定義については共通テスト用プログラム表記とPythonは基本的に同じです。

なお、共通テスト用プログラム表記では、配列名の1文字目は大文字にするというルールがあります。

共通テスト用プログラム表記	Python
Foods = [" りんご "," ぶどう ", " 桃 "] 表示する (Foods[1])	Foods = [" りんご "," ぶどう "," 桃 "] print(Foods[1])

実行結果　　ぶどう

二次元配列の定義方法についても、共通テスト用プログラム表記とPythonは基本的に同じです。なお、二次元配列の参照について、共通テスト用では「配列名[行の添字, 列の添字]」の形式で出題される可能性があります。

共通テスト用プログラム表記	Python
Data = [["○","×"],["□","△"]] 表示する (Data[1][0])	Data = [["○","×"],["□","△"]] print(Data[1][0])

実行結果　　□

▶ ユーザ定義関数

Pythonではユーザ定義関数の定義時に関数名の前に「def」を付けます。戻り値はreturnの後に返す値(変数名)を記述します。共通テスト用プログラム表記では「～を返す」と記述します。

共通テスト用プログラム表記では、|とLの記号で制御範囲を表します。

【関数の定義】

共通テスト用プログラム表記	Python
keisan(atai1,atai2): | kekka = atai1 * atai2 / 2 L kekkaを返す	def keisan(atai1,atai2): 　kekka = atai1 * atai2 / 2 　return kekka

※2024年6月現在、共通テスト用プログラム表記のユーザ定義関数の具体的な表記方法は入試センターから発表されてませんので、問題内で表記の説明がある場合はそれに従ってください。

関数を呼び出す側の記述方法は、共通テスト用プログラム表記とPythonは基本的に同じです。

【プログラム本体 (関数を呼び出す側)】

共通テスト用プログラム表記	Python
kazu = keisan(4,5) 表示する(kazu)	kazu = keisan(4,5) print(kazu)

実行結果 | 10

205

›› 索引

英字

and 30
length() 82
not 30
or 30
PyPEN 10
Python 9, 203
random() 105
VBA 9

あ行

値の交換 86
アルゴリズム 14
イコール 22
一次元配列 48, 70
入れ子式 90
親ループ 90

か行

外部からの入力 94, 159
カウントアップ 16, 40
返り値 52

仮引数 57
関数 52
関数名 52
カンマ 18
偽（False） 26
疑似コード 9
組み込み関数 53
繰り返し文 34, 40
交換法（バブルソート） 138
コメント 23
子ループ 90

さ行

算術演算子 18
参照 44
実引数 57
順次繰り返し文 40
順次構造 15
条件分岐文 26
情報 I 8
初期化 44
初期値 44
真（True） 26

数値 18

制御構造 15

制御範囲の違い 39

選択法 146

添字 44

た行

大学入学共通テスト 8

代入 22

代入演算子 22

ダブルコーテーション 18

な行

流れ図 14

二次元配列 48, 74

二次元配列の添字 49

二重ループ 90

は行

配列 44

配列名 44

反復構造 15

比較演算子 26

引数 52

表示する() 18

フローチャート 14

プログラミング 8

分岐構造 15

変数 22

変数名 22

ま行

文字列 18

戻り値 52

や行

ユーザ定義関数 53, 57, 78

要素 44

要素数() 53

要素番号 44

ら行

乱数() 53

論理演算子 30

■ 著者プロフィール

植垣新一

情報教育系人気YouTuber（YouTubeチャンネル「情報処理技術者試験・高校情報教科対策の突破口ドットコム」運営者）。大分県出身、大分大学教育福祉科学部卒業。
大学卒業後、地元教育関連企業のパソコンインストラクターとして経験を積んだ後、上京し約15年に渡りIT企業にてさまざまなシステム開発に携わり専門スキルを磨く。退職後、高校生に楽しんでITを学んでもらいたいとの思いから、高等学校教諭一種免許状（情報）を取得。以降は教材制作およびYouTuberとしての活動の重点を情報科に置いている。
著書は、『情報I 大学入学共通テスト対策 会話型テキストと動画でよくわかる』（インプレス）、『講義形式で学ぶ「情報I」大学入学共通テスト問題集』（大修館書店、共著）。
YouTubeチャンネル：https://www.youtube.com/@toppakou

■ 監修者プロフィール

能城茂雄

東京都立三鷹中等教育学校 情報科 指導教諭。奈良先端科学技術大学院大学 情報科学研究科 博士前期課程情報システム学専攻修了（工学修士）。
GIGAスクール構想という言葉が生まれる以前（平成28年度）から、東京都教育委員会指定事業「ICTパイロット校」として、一人1台端末の運用・研究活動を行い、現在も情報関係研究指定校の主担当として活動を続ける。文部科学省学習指導要領等の改善に係る検討に必要な専門的作業等協力者（共通教科情報）として、学習指導要領、同解説の作成に関わり、文部科学省高等学校情報科「情報I」「情報II」教員研修用教材検討委員、同WG委員も務めた。

- カバーデザイン　　　　齋藤友希（トリスケッチ部）
- 本文・カバーイラスト　ふじわらのりこ
- 本文デザイン・DTP　　BUCH⁺
- 編集　　　　　　　　　下山航輝

情報I　大学入学共通テスト プログラミング問題対策 ステップアップで身に付く練習帳

2024年 7月26日　初版　第1刷発行
2024年10月23日　初版　第2刷発行

監修者　　　能城茂雄
著　者　　　植垣新一
発行者　　　片岡　巌
発行所　　　株式会社 技術評論社
　　　　　　東京都新宿区市谷左内町 21-13
　　　　　　電話　03-3513-6150　販売促進部
　　　　　　　　　03-3513-6166　書籍編集部
印刷／製本　昭和情報プロセス株式会社

定価はカバーに表示してあります。

落丁・乱丁がございましたら、弊社販売促進部までお送りください。交換いたします。
本書の一部または全部を著作権法の定める範囲を超え、無断で複写、複製、転載、テープ化、ファイルに落とすことを禁じます。

ISBN 978-4-297-14240-7 C7004
Printed in Japan

■お問い合わせについて
本書に関するご質問については、本書に記載されている内容に関するもののみとさせていただきます。本書の内容と関係のないご質問につきましては、一切お答えできませんので、あらかじめご了承ください。また、電話でのご質問は受け付けておりませんので、必ずFAXか書面、もしくは下記のWebサイトまでお送りください。
なお、ご質問の際に記載いただきました個人情報は、回答後速やかに破棄させていただきます。

●お問い合わせ先
〒162-0846
東京都新宿区市谷左内町 21-13
株式会社技術評論社　書籍編集部
「情報I　大学入学共通テスト プログラミング問題対策 ステップアップで身に付く練習帳」質問係

FAX番号：03-3513-6183
URL：https://book.gihyo.jp/116